中国宗族制度小史

中国史略丛刊

吕思勉［著］

图书在版编目（CIP）数据

中国宗族制度小史 / 吕思勉著. -- 北京 : 中国书籍出版社, 2023.6
ISBN 978-7-5068-9451-7

Ⅰ. ①中… Ⅱ. ①吕… Ⅲ. ①宗族—制度—研究—中国 Ⅳ. ①K820.9

中国国家版本馆CIP数据核字(2023)第109231号

中国宗族制度小史

吕思勉 著

策划编辑 彭宏艳 王 淼
责任编辑 王 淼
责任印制 孙马飞 马 芝
封面设计 东方美迪
出版发行 中国书籍出版社
地 址 北京市丰台区三路居路 97 号（邮编：100073）
电 话 (010) 52257143（总编室） (010) 52257140（发行部）
电子邮箱 eo@chinabp.com.cn
经 销 全国新华书店
印 刷 三河市富华印刷包装有限公司
开 本 880毫米 × 1230毫米 1/32
字 数 80千字
印 张 5
版 次 2023 年 6 月第 1 版
印 次 2023 年 6 月第 1 次印刷
书 号 ISBN 978-7-5068-9451-7
定 价 42.00 元

版权所有 翻印必究

目　录

中国宗族制度小史

提要

此篇追溯中国家族制度之根源，而详其迁变，于宗族，姓氏，谱牒之源流，家族范围之大小，继嗣之法，财产之制，妇女之地位，一一穷源竟委，明析无遗，实约千百卷礼书而成一小册者也。

世人有恒言曰：集人而成家，集家而成国，集国而成天下。斯言也，谓就今日之家国天下，析而观之，而见其为如此则可。因谓家国天下之成，由集小而为大，则误矣。此无征不信之言也。

然则生民之初，果若何情状乎？曰：此非今日所能知也。勉强推度，则曰：无人我，无群已，浑然集若干人于一处而已。迨其小进，乃从浑然一大群中，分为若干小群，演进愈深，分析愈细。最后乃知有个人。故法律重视个人之权利，必在稍进化之世。而个人主义之大昌，则近世之事也。

浑然一大群，何由分为若干小群乎？曰：自知血统始。人之相仁偶也，他种关系，皆较后起，惟母之鞠育其子，则必最初即然。不然，人无由生存；且此固禽兽之所知也。特禽兽动作，纯任本能，长能自立，则忘其母，母亦不复顾其子。人则知识较高，记忆之力较强，长大之后，慈孝之心仍在耳。故人之相仁偶也，始于知生我之母。知有母，则知有与我同母之人焉。由此而推之，则又知有母之母焉，又知有与母同母之人焉。亲族之关系，盖由此而昉也。《记》曰："大上贵德，其次务施报。"[①]此言始不知有人我，而后知之也。《左氏》曰："大上以德抚民，其次亲亲，以相及也。"[②]此言始不知别亲疏，而后知之也。

人类之知有统系，率先母而后父，以知父必待夫妇之制既立以后；又古者同族不昏，子女必属一族，饮食保抱之责，既由母任之，子女自属母族也。迨男权日张，妇属于夫，子女

① 《曲礼上》。

② 僖二十四年富辰之言。

亦为父所有，乃由母系易为父系。

母系时代，人之聚居，率依其母。男子与异姓匹合，则入居其妻之族，而其身仍属其母之族。生有子女，亦属其妻之族。斯时甥舅同族，父子则否。犹后世世叔父同居，而母族为外家也。浅演之群，财产或传诸甥，盖由于此。斯时统系，盖如下图。

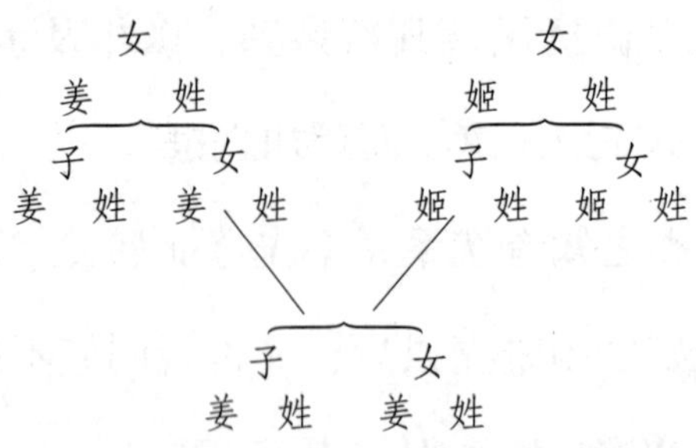

女权与女系异义。女系时代，事权不必皆在女子手中。特是时女子之权利，总较后世为优耳。大抵渔猎之世，人恒聚族而居。生事简

单，男权不显。迨乎游牧须逐水草，农耕须服田畴，则人类由合而分，而女子遂为男子之私属。向者一族之中，以女为主，而男子附之者，今则以男为主，以女附之。于是系统亦主于男，而所谓氏者兴矣。夫生计渐裕，则私产渐多。人之情，莫不私其子。父有财产，恒思传之于其子。于是欲知财产之谁属，必先知其父为何人。又古代职业，恒父子相继，而其贵贱即因之。酋长之子，所以继为酋长者，以其为酋长之子也。奴隶之子，所以仍为奴隶者，以其为奴隶之子也。然则欲知其人之贵贱，亦必知其父为何人矣。于是表明父为何人之名兴，而氏立矣。故姓之兴，所以表血统。氏之兴，则所以表地位，财产等系统者也。

《日知录》曰：“《左传》成十六年，潘尫之党，潘尫之子名党也。襄二十三年，申鲜虞之傅挚，申鲜虞之子名傅挚也。按《仪礼·特牲馈食礼》：筮某之某为尸。注曰：某之某者，字尸父而名尸也。[①]亦此类也。”[②]此以父名子者也。[③]又曰：“《左传》昭元年，当武王邑姜，方震大叔。《汉书·杜钦传》：皇太后女弟司马君力。[④]《南齐书》：周盘龙爱妾杜氏。上送金钗镊二十枚，手敕曰：饷周公阿杜。”此以夫名妻者也。要之表明其有所系属而已。此氏之所由兴也。

女系时代，聚族而居，盖全依乎母？其制已不可考。惟今文家说九族，尚兼男女系言之

---

① 《少牢馈食礼》同。

② 《史记·太史公自序》：“维仲之省，厥濞王吴。濞乃刘仲之子，称为厥濞。”

③ 案《左》隐六年，顷父之子嘉父。疏曰：顷父旧居职位，名号章显。嘉父新为大夫，未甚著见。故系之于父。诸系父为文者，义皆同此也。

④ 苏林曰：“字君力，为司马氏妇。”

耳。今文家说九族曰："父族四：五属之内为一族。父女昆弟适人者，与其子为一族。已女昆弟适人者，与其子为一族。已之子适人者，与其子为一族。母族三：母之父姓为一族。母之母姓为一族。母女昆弟适人者为一族。妻族二：妻之父姓为一族。妻之母姓为一族。"[①]此今《戴礼》，欧阳《尚书》说。见《诗·葛藟》正义引《五经异义》。古文家以"上自高祖，下至玄孙为九族"。此乃九世也，误矣。[②]《白虎通》曰："族者，凑也，聚也。谓恩爱相依凑也。生相亲爱，死相哀痛，有会聚之道，故谓之族。一盖人群古代之组织，恒因乎亲属也。"

宗与族异。族但举血统有关系之人，统称为族耳，其中无主从之别也。宗则于亲族之中。

① 见《书·尧典》释文。

② 俞氏樾说。

奉一人焉以为主。主者死，则奉其继世之人。夫于亲族中奉一人以为主，则男女必择其一。斯时族中之权，既在男而不在女，所奉者自必为男。此即所谓始祖。继其后者，则宗子也。《白虎通义》曰："宗者，尊也。为先祖主者，宗人之所尊也。"是其义也。

宗又有大小之分。宗法之传于今者，惟周为详。盖其制实至周而备也？今略说之。周代宗法，见于《礼记·大传》。[①]《大传》曰："别子为祖。继别为宗。继祢者为小宗。有百世不迁之宗。有五世则迁之宗。宗其继别子者，百世不迁者也。宗其继高祖者，五世则迁者也。"注曰：别子为祖，"谓公子，若始来在此国者，后世奉以为祖"。继别为宗，"别子之世适也。

① 《丧服小记》略同。

族人尊之，以为大宗”。继祢者为小宗，“父之适也。兄弟尊之，谓之小宗”。又曰：“小宗四，与大宗凡五。”盖古者“诸侯不敢祖天子，大夫不敢祖诸侯”。故诸侯之子，惟适长继世为君。其弟二子以下，则悉不敢祢先君，其后世遂奉以为祖，是为别子。别子之世适，谓之大宗。百世不迁。别子弟二子以下，是为小宗。其子继之，时曰继祢小宗。其孙继之，时曰继祖小宗。其曾孙继之，时曰继曾祖小宗。其玄孙继之，时曰继高祖小宗。继祢者，亲兄弟宗之。继祖者，同堂兄弟宗之。继曾祖者，再从兄弟宗之。继高祖者，三从兄弟宗之。至于四从兄弟，则不复宗事其六世祖之宗子。所谓五世则迁也。所以五世则迁者，以“亲亲以三为五，以五为九，上杀，下杀，旁杀而亲毕”也[①]。然则一人之身，当宗与我同高，曾，祖，父四代之正适，及大宗之宗子。故曰：小宗四，与大宗凡五也。夫但论亲族之远近，则自六世而往，皆为路人矣。惟共宗一别子之正适，则虽百世而其抟结不散。此宗法之组织，所以为大而且久也。

公子不得祢先君，因而别为一宗，为宗法之一义。始来在此国者，后世奉以为祖，为宗法之又一义。两义之中，后义实为尤要。此实与封建之制，相辅而行者也。盖使同出一祖之人，永聚居于一地，则但奉一始祖之正适可矣。惟其有迁居他处者，为始祖之正嫡治理所不及，乃不得不别立一人以长之。一群治理之权，既不能一日无所寄。则此分司治理之人，其统绪

---

① 以三为五，以五为九，谓上亲父，下亲子；以父亲祖，以子亲孙；以祖亲曾，高，以孙亲曾，玄。

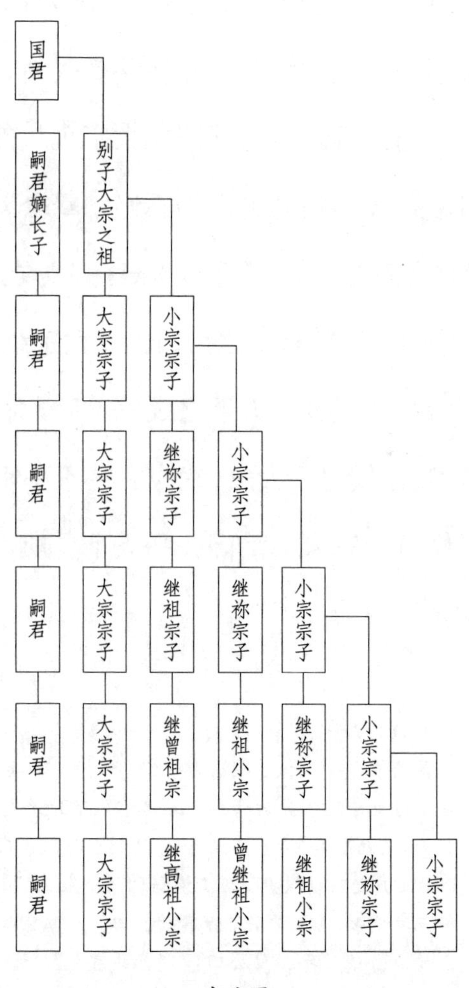
国君
嗣君嫡长子
嗣君
嗣君
嗣君
嗣君
嗣君
别子大宗之祖
大宗宗子
大宗宗子
大宗宗子
大宗宗子
大宗宗子
小宗宗子
继祢宗子
继祖宗子
继曾祖宗
继高祖小宗
小宗宗子
继祢宗子
继祖小宗
曾继祖小宗
小宗宗子
继祢宗子
继祖小宗
小宗宗子
继祢宗子
小宗宗子

宗法图

亦不容绝。于是五世则迁之小宗，不足以当之，而不得不别立一大宗矣。此诸侯初受封，卿大夫初至一国，所以恒为其国之大宗也。然其于故国旧家，大小宗之关系仍不绝。笃公刘之诗曰："君之宗之。"[①]《毛传》曰："为之君者，为之大宗也。"《板》之诗曰："大宗维翰。"《传》曰："王者，天下之大宗。"此言天子之于诸侯，诸侯之于大夫，犹大宗之于小宗也。[②]此古代修身，齐家，治国，平天下，所以一以贯之也。[③]

---

① 出自《诗经·大雅·公刘》。——编者注

② 如周公在鲁为大宗，在周为小宗。三桓在其族为大宗，在鲁为小宗。当时诸侯称周为宗周，此诸侯之宗天子也。《左》哀八年，公山不狃谓叔孙辄曰："今子以小恶而欲覆宗国，不亦难乎？"此大夫之宗诸侯也。又诸侯与诸侯亦相宗。《孟子》：滕文公欲行三年之丧，父兄百官皆不欲，曰："吾宗国鲁先君莫之行"；《左》僖五年，虞公曰："晋吾宗也"，是也。

③ 古代天子诸侯间之关系，实多宗族之关系。天子

（转下页）

（接上页）
之抚诸侯，宗子之收恤其族人也。诸侯之尊天子，族人之祇事其宗子也。讲信修睦，同族之相亲也。兴灭继绝，同族不相翦也。盖一族之人，聚居一处，久则不足以容，势不得分殖于外，此封建之所由兴。而分殖于外者，仍不可不思所以联结之，此宗法之所由立。《传》曰："有分土，无分民。"有分土，则封建之谓。无分民者，同出一始祖之后者，无不当受治于大宗之宗子也。夫封建云者，一族之人，据一隅之地，役其民以自养；所据之地日扩，一人之力，治理有所不给，则分遣同族中之一支，前往治之云尔。所分出之一支而所据之地又大，亦用此法。此天子与诸侯，诸侯与大夫之关系，所以其名虽异，其实则同也。然则当时之宗子，必皆有土之君，故能收恤其族人。所谓族人，实与宗子同生息于此封地之上，欲图自存，即不得不翊卫其宗子。而宗子之所以为族人所尊，则以其为先祖主故也。此古代举一孝字，所以其义蟠天际地。盖古之抟结惟宗族，而一言孝，则全族自卫之道，靡不该焉。夫力恶其分而不合，亦恶其合而不分，分则力薄，合则力厚，此恶其分而不合之说。分则占地广而多助，合则占地狭而寡助，此恶其合而不分之说也。封建之行也，得一地，则分同族之人处之。同族之人多，则又辟新地，灭人国以处之。所分出之同族，又复如是。如干生枝，枝又生叶，而其一族之人，遂遍布于天下。夫欲灭聚居之一族，苟乘其敝，聚而歼旃可耳。一族之人，而遍布于天下，则虽有强者，亦末如之何也已。此炎黄之裔，所以传世长久也。然则何以卒至于灭亡也？曰：行封建之制者虽强，有自亡之道焉。盖既知宗族，则有亲疏，此无可如何之事也。亲亲以三为五，以五为九，至矣，无可复加矣。而立宗法者，必欲以百世不迁之大宗抟结

（转下页）

古未有今所谓国家。抟结之最大者，即为宗族。故治理之权，咸在于族。族人于小宗宗子，仅以本服服之。于大宗宗子，则五世而外，悉为之齐衰三月。于其母妻亦然。此庶人为君之服也。古之所以特重正嫡者亦此义。盖但论亲情，则众子相等。若欲传治理之权，则众子之中，不得不择其一矣。所谓继承者，即继承治理之权之谓也。继承之法，随时随地而异。周代则

（接上页）

之，使虽远而不散。其所抟结者，亦其名焉而已，其实则为路人矣，路人安能无相攻？况乎封建之始，地广人希，诸侯壤地，各不相接，其后则犬牙相错矣。封建之始，种族错杂，所竞者，率多异族，其后则皆伯叔甥舅矣。国与家，大利之所在也。以大利之所在，徒临之以宗子之空名，而望其不争，岂不难哉？此诸侯卿大夫之间，所以日寻干戈也。天下无不坏之物，至坚而莫之能坏者，即含自坏之道。古一姓之人，藉封建之制，徧布其种于天下，似无可亡之道也。当时之平民，亦断无亡之之力也。乃正以其分布之广也，而开自相攻击之端。见吞并者日多，即其族之存者益少，至于最后，则此族之存者惟一人；欲覆此一族者，覆此一人可矣，秦之亡，是也。祸福倚伏之理，岂不诡哉？

特重嫡长。正而不体，[①] 体而不正，[②] 正体不传重，[③] 传重非正体，[④] 皆不为之服三年之丧。其正体传重者，则父为之斩衰三年，母为之齐衰三年。盖兼重亲情与传统也。[⑤]

古代最重祭祀。故支子不祭，祭必告于宗子。[⑥] “曾子问曰：宗子为士，庶子为大夫，其祭也如之何？孔子曰：以上牲祭于宗子之家。祝曰：孝子某，为介子某，荐其常事。若宗子有罪，居于他国，庶子为大夫，其祭也，祝曰：孝子某，使介子某，执其常事。摄主，不厌祭，不旅，不假，不绥祭，不配。布奠于宾，宾奠

---

① 适孙。

② 庶子。

③ 适子有废疾。

④ 庶孙为后。

⑤ 天子诸侯，以尊绝旁亲之服，大夫降一等。惟于妻长子之妻皆不降，亦重其传统也。

⑥ 《曲礼下》。

而不举；不归肉。其辞于宾曰：宗兄，宗弟，宗子在他国，使某辞。曾子问曰：宗子去在他国，庶子无爵而居者，可以祭乎？孔子曰：祭哉。请问其祭如之何？孔子曰：望墓为坛，以时祭。若宗子死，告于墓，而后祭于家。宗子死，称名不言孝。身没而已。"[①]《内则》曰："适子庶子，祗事宗子宗妇。虽贵富，不敢以贵富入宗子之家。虽众车徒，舍于外，以寡约入。子弟犹归器。衣服，裘衾，车马，则必献其上，而后敢服用其次也。若非所献，则不敢以入于宗子之门。不敢以贵富加于父兄宗族。若富，则具二牲。献其贤者于宗子。夫妇皆齐而宗敬焉。终事，然后敢私祭。"可见是时宗子之尊矣。

《丧服》曰："昆弟之义无分。然而有分

① 《曾子问》。

者，则辟子之私也。子不私其父，则不成为子。故有东宫，有西宫，有南宫，有北宫，异居而同财。有余则归之宗。不足则资之宗。”案继父同居，《传》曰：“夫死子稚，子无大功之亲，与之嫡人。”[①] 又云：“小功已下为兄弟。”《既夕礼》云：“兄弟赙奠可也。”则此所谓同财者，以大功为限。然收恤所及，初不止此。故晏子，父之党无不乘车者，母之党无不足于衣食者，妻之党无冻馁者。宋公孙寿辞司城，使其子意诸为之。曰：“去官则族无所庇。虽亡子，犹不亡族。”可见是时宗族之间，财产之相通。盖古者一人本无私财，财皆其族之财。同财而限于大功，其去古已远矣。《管子·小匡篇》：“公曰：爱民之道奈何？管子对曰：公修公族，

① 注：“子无大功之亲，谓同财者也。”

家修家族，使相连以事，相及以禄，则民相亲矣。放旧罪，修旧宗，立无后，则民殖矣。”《问》篇：“问国之弃人，何族之子弟也？”“问乡之贫人，何族之别也？”皆若能修其族，则民不患其无养者。《周官》所谓“宗以族得民”，[①] 一盖谓此也。

宗法盖仅贵族有之。以贵族食于人，可以聚族而居；平民食人，必逐田亩散处；贵族治人，其抟结不容涣散；平民治于人，无所谓抟结也。《丧服》传曰：“禽兽知母而不知父。野人曰：父母何算焉？都邑之士，则知尊祢矣。夫及学士，则知尊祖矣。诸侯及其太祖，天子及其始祖之所自出。”其位愈尊，所追愈远，即可见平民于统系不甚了了。于统系不甚了了，

① 《太宰》。

自无所谓宗法矣。《孟子》曰："死徙无出乡；乡田同井，出入相友，守望相助，疾病相扶持，则百姓亲睦。"平民之抟结，如是而已。

古无所谓国与家也，人类之抟结，族而已矣。族之大小不一。今古文家所说之九族，皆族之一种也。[1]合族而居，治理之权，必有所寄。所寄者亦不一。周之宗法，亦治理之一法也。古家字有二义：一卿大夫之家，一即今所谓家。[2]今所谓家，其职有四：（一）为夫妇同居之所。（二）上事父母。（三）下育子女。（四）则一家之人率同财，有无相通。此所以相生相

---

① 今文家兼女系言之，时代较早。古文家专就男系言之，盖在宗法既完备之后也。

② 《诗序》："国异政，家殊俗。"《正义》："此家谓天下民家。《孝经》云：非家至而日见之也，亦谓天下民家，非大夫称家也。"

养也。[①]国则操治理之权，谋公益，禁强暴，所以维持现状，更求进步者也。二者不可缺一。在古代皆宗族职之。其后则相生相养之道归诸家，治理之权操诸国。而所谓宗与族者，遂有其名而亡其实焉。此其故何哉？曰：社会之变迁为之也。古代亲爱之情，限于同族。[②]后世则扩而渐广。泛爱之情既进，偏私之念自祛。一也。古代分工未密，交易未开，生事所资，率由自造。既非独力所及，自不得不合亲族为之。后世则一人之身，而百工之所为备。所待以生者，实非亲族，而为林林总总，不知谁何之人。生

---

① 家之制亦不一。中国普通之家，则系如此。自古迄今，无甚大变。此即古所谓五口八口之家，一夫上父母，下妻子者也。今人多诋中国为大家族，其实西人之家，较之中国，亦仅少上事父母一端耳。数世同居，宗族百口，在中国亦非恒有之事也。

② 《左》僖十年，狐突曰："神不歆非类，民不祀非族。"成四年，季文子引《史佚之志》曰："非我族类，其心必异。"皆古人歧视异族之征也。

事既不复相资，何必合亲尽情疏之人以共处？二也。古者生利之法甚粗，欲利之心亦淡。胼手胝足，皆为族谋。后世则智巧日开，愿望日富，族中有私财之人遂日多。有私财之人多，则如大功以下同财等小团体，潜滋暗长于大族之中矣。三也。聚居之制，必与营生之道不悖，而后可以持久。然如耕农，一夫百亩，方里仅容九夫，其必不能合族而处明矣。四也。凡此皆家之所由兴，而族之所由散也。至于国之所以立：则由族长所治，非复一族之人，遂渐变而为君主。其所遣分治之子弟，亦渐变而为官吏矣。两族相遇，不能无争。亦或以治化之优，酋豪才德之异，此族自为彼族所归向。皆血统不同之族，所以渐合为一，而国之所由立也。夫使人类之组织，无大于族，则两族相遇，苟有龃龉，即须决之以兵争，此殊为人情所不便。

故诸族之中，苟有一族，能平他族之争者，他族自乐归之。虞芮质成是也。联众族以奉一尊，虽不必出于要束，然能持久而不涣，亦必为众之所利，而后能然。故民约之义，不能执史无其事以为难也。

邃古之民，必笃于教。族各有其所尊祀之神，未必肯舍之而从他族。然各族联合之际，亦自有其调融之道焉。合诸族以尊一族之神，一也。诸侯助祭于天子，盖源于此。[1]不则以此族之神，加于彼族所奉之神之上。如周人谓“姬姓日，异姓月”[2]是也。又不然，则两族之神，各有所司，亦有更王之道。如通三统及五德迭王之说是也。

---

① 此非以诸侯与天子同族。“殷士肤敏，祼将于京”，是其验也。

② 《左》成十六。

人类既知有统系，必有所以表之，时曰姓，氏。姓所以表女系，氏所以表男系也。然及后来，男子之权力既增，言统系者专以男为主，姓亦遂改而从男。特始祖之姓，则仍从其母耳。周制，始祖之姓曰正姓。[1]百世不改。正姓而外，别有所以表其支派者，时曰庶姓。庶姓即氏也。亦曰族。[2]随时可改。《大传》曰："四世而缌，服之穷也。五世袒免，杀同姓也。六世亲属竭矣。其庶姓别于上，而戚单于下，昏姻可以通乎？系之以姓而弗别，缀之以食而弗殊，虽百世而昏姻不通者，周道然也。"注："姓，正姓也。始祖为正姓，高祖为庶姓。"疏曰："正姓，

---

① 杜预《释例》曰："别而称之谓之氏，合而言之则曰族。"案别而称之，谓此族之人，以氏与他族别也。合而言之，谓同族之人，皆同此一氏也。

② 《论衡·诘术篇》："古者有本姓，有氏姓。"本姓即正姓，氏姓即庶姓也。

若周姓姬，齐姓姜，宋姓子。庶姓，若鲁之三桓，郑之七穆。”盖正姓所以表大宗，庶姓所以表小宗也。

命氏之法：诸侯即以国为氏，若践土之载书，晋重，鲁申，卫武，蔡甲午；郑捷，齐潘，宋王臣，莒期是也。诸侯之子曰公子，公子之子曰公孙。公孙之子，不得上系于诸侯，则别立氏。立氏则追溯其祖，故以王父字为氏。其中又分为二：适夫人之子，以五十字伯仲为氏，若鲁之仲孙，季孙是也。庶子以二十字为氏，如展氏，臧氏是也。此外得氏之道甚多。郑氏《通志》列举之，凡三十二。予更分之为七类。

第一类：（一）姓。古代表女系之姓，周世所谓正姓也。

第二类：（一）国。苞天子诸侯言之，如周鲁是。（二）邑。卿大夫。（三）乡。（四）亭。（五）国系。（六）国爵。如夏侯，息夫。

息夫者，息公子为大夫也。（七）邑系。如原伯，申叔。（八）邑谥。如苦成。

第三类：（一）地。谓居地也。如东门襄仲，东里子产。《潜夫论·志氏姓》：东门，西门，东郭，北郭，所谓居也。

第四类：（一）字。（二）名。（三）次。（四）族。以谥为族，亦有非谥者。（五）谥。（六）族系。如叔孙，季孙。（七）名氏。如士季，伍参。（八）谥氏。如楚鳌子之后为鳌子氏。

第五类：（一）官。（二）爵。（三）技。如巫，卜。（四）官名。如师延，史晁。（五）爵系。如王叔。（六）爵谥。如卫成公之后为成公氏。

第六类：（一）吉德。（二）凶德。如黥布。（三）事。如汉丞相田千秋，以年老，许乘小车入朝，时人称车丞相，其后人以车为氏。

第七类：（一）代北复姓。（二）关西复姓。（三）诸方复姓。（四）代北三字姓。（五）代北四字姓。

此外，又有生而有文一种。如武则天之先，为周平王之后，生而手有文曰武，遂以武为氏是也。郑氏别附之于后，盖不信之。

顾亭林《原姓篇》曰："男子称氏，女子称姓。氏一再传而可变，姓千万年而不变。考之于传，二百五十五年之间，有男子而称姓者乎？无有也。女子则称姓。古者男女异长。在室也，称姓，冠之以序，叔隗，季隗之类是也。已嫁也，于国君则称姓，冠之以国，江芈，息妫之类是也；于大夫则称姓，冠之以大夫之氏，赵姬，卢蒲姜之类是也。在彼国之人称之，或冠以所自出之国若氏，骊姬，梁嬴之于晋，颜懿姬，鬷声姬之于齐是也。既卒也，称姓，冠之以谥，成风，敬嬴之类是也。亦有无字而仍其在室之称，仲子，少姜之类是也。是故氏焉者，所以为男别也。姓焉者，所以为女坊也。自秦以后之人，以氏为姓，以姓称男，而周制亡，而族类乱。"案春秋时之男子，所以不称姓者，非不重姓也，言氏则姓可知耳。盖女无外事，但于昏姻时考其姓，以免取同姓之讥，可矣。男子与人交接孔多，必须知其祖父为何人，不能但知其始祖之姓而止，故必有氏以表之。夫姓不足以表男子者，以其始祖去之久远，其关系已亡也。然则得氏之祖，去其人久远者，仍不足以表明其人为何如人，此氏之所以必时变也。[①] 然则非男子不重姓也，男子于姓之外又须有氏，女子则但有姓而已足耳。至秦以后人，所以以氏为姓者，则因谱牒亡而姓不可知，

---

① 如鲁之叔孙氏，所以表明其为叔牙之后也。然使凡叔牙之后，皆以叔孙为氏，则但知其为叔牙之后耳，不知其在叔牙之后中，支分派别为何如矣。故必别立氏，以表之，如叔仲氏是也。《后汉书·羌传》曰："氏族无定。"案羌爰剑之后，五世至研。研豪健。羌中号其后为研种。十三世至烧当，复豪健。其子孙更以烧当为种号。所以必更者，以研去其时已远，怀研德者，不如其怀烧当；畏研威者，亦不如其畏烧当也。中国氏之数改，亦同此理。

乃无可如何之事，非其欲如此也。[①]

谱牒之原甚古。《周官》："小史，掌邦国之志。尊系世，辨昭穆。若有事，则诏王之忌讳。大祭祀，读礼法。史以书叙昭穆之俎簋。"注："郑司农云：系世，谓帝系，世本之属。[②]先王死日为忌，名为讳。"又瞽蒙，"讽诵诗，世奠系"。"杜子春云：世奠系，谓帝系，诸侯，卿大夫世本之属是也"。小史，主次序先王之世。昭穆之系，述其德行。瞽蒙主诵诗，并诵世系，以戒劝人君也。故语曰："教之世而为之昭明德而废幽昏焉，以休惧其动。"案古代事迹，率由十口相传，久之乃著竹帛。瞽蒙之职，盖尚在小史之前。小史能知先世名讳忌日，则于

---

① 汉人欲求正姓，乃有吹律定姓之法。其理，略见《潜夫论·卜列篇》。说甚怪迂，不足信也。

② 疏："天子谓之帝系，诸侯谓之世本。"

世次之外，必能略记其生卒年月等。瞽蒙所讽，可以昭明德而废幽昏，则并能略知其行事矣。此后世家谱家传之先河也。此等记载，列国盖多有之。故《史记·三代世表》，谓“自殷以前，诸侯不可得而谱，周以来乃颇可著”也。《十二诸侯年表》云：“谱牒独记世谥。”《南史》：王僧孺被命撰谱，不知谱所自起，以问刘杳。杳曰：桓谭《新论》云：《太史公三代世表》，旁行邪上，并效《周谱》。[①] 则其既著竹帛之后，体例尚可微窥也。《世本》虽出后人纂辑，所据当系此等谱牒。今其书已亡。窃谓《大戴记·帝系姓》一篇，实其仅存者。特累经传写，遂失旁行斜上之旧式。而《五帝德》一篇，则瞽蒙之所讽诵也。《后汉书·卢植传》：窦武援立

① 案此语《史通》亦引之。

灵帝，朝议欲加封爵。植献书规之曰："今同宗相后，披图案牒，以次建之，何勋之有？"则其制至汉尚存。故史公得放效之，而桓谭能知其所取法也。

古代谱牒，后世私家亦多有之。其仅存者，散见《世说新语》注中。[1]其目存于隋，唐志，《隋志》著录，家传，家谱，分隶两门。[2]《旧唐志》乃并为一，实非是也。自魏以来，选举重世族，其学乃大盛。《唐书·柳冲传》记其始末曰："晋太元中，散骑常侍河东贾弼撰《姓氏簿状》。十八州，百十六郡，合七百一十二篇。甄析士庶，无所遗。宋王弘，刘湛好其书。弘每日对千客，可不犯一人讳。湛为选曹，撰

① 注所引皆称谱，惟王浑一条称家谱。隋，唐《志》所著录，则皆称家谱。

② 家传入传记，家谱入谱系。

《百家谱》，以助铨序，文伤寡省。王俭又广之。王僧孺演益，为十八篇。东南诸族，自为一篇，不入百家数。弼传子匪之。匪之传子希镜。希镜撰《姓氏要状》十五篇，尤所谙究。希镜传子执。执更作《姓氏英贤》一百篇。又著《百家谱》，广两王所记。执传其孙冠。冠撰《梁国亲王太子序亲簿》四篇。王氏之学，本于贾氏。唐兴，言谱者以路敬淳为宗。柳冲，韦述次之。李守素亦明姓氏。后有李公淹，萧颖士，殷寅，孔至，为世所称。初汉有《邓氏官谱》。应劭有《氏族》一篇。王符《潜夫论》，亦有《姓氏》一篇。宋何承天有《姓苑》二篇。谱学大抵具此。”又曰：“初太宗命诸儒撰《氏族志》，甄差群姓。其后门胄兴替不常。冲请改修其书。帝诏魏元忠，张锡，萧至忠，岑义，崔湜，徐坚，刘宪，吴兢及冲，共取德功时望，国籍之家，等而次之。夷蕃酋长，袭冠带者，析著别品。会元忠等继物故。至先天时，复诏冲及坚，兢与魏知古，陆象先，刘子玄等讨缀，书乃成，号《姓系录》。开元初，诏冲与薛南金，复加刊窜，乃定。”此唐以前谱学之大略也。谱系本私家之事，然朝廷以阀阅用人，社会以门第相尚，则其关系甚大，非复一家所得自私。故记载职以官司，私谱不容紊乱。郑樵所谓“隋，唐而上，官有簿状，家有谱系；私书滥，纠以官籍；官籍缺，考以私书”者也。当时重之如此。研核其事者，自可成为学问。至五代而后，“取士不论家世，昏姻不问阀阅”，[1]而其法大坏矣。唐人姓氏之书，存于今者，惟一《元和姓纂》。《通志氏族略》多与之同。盖即其所本？此外

① 亦郑樵语。

则皆亡矣。亦可见谱学之衰矣。世皆谓门阀之盛，由于九品中正之制。实则社会故有此阶级，而九品中正之制，乃缘之而兴；而两汉选举之不论门阀，特其偶然伏流耳。

《柳冲传》又载柳芳论氏族之语，颇可见崇重门第之由来，及谱学所由盛衰。今节录之。其言曰："氏族者，古史官所记也。昔周小史定系世，辩昭穆，故古有《世本》，录黄帝以来至春秋时诸侯卿大夫名号继统。秦既灭学，公侯子孙，失其本系。汉兴，司马迁父子，乃约《世本》，修《史记》，因《周谱》，明《世家》，乃知姓氏之所由出。虞，夏，商，周，昆吾，大彭，豕韦，齐桓，晋文，皆同祖也，更王迭霸，多者千祀，少者数十代。先王之封既绝，后嗣蒙其福，犹为强家。汉高帝兴，徒步，有天下。命官以贤，诏爵以功；先王公卿之胄，才则用，不才弃之；不辨士与庶族，然则始尚官矣。然犹徙山东豪杰，以实京师。齐诸田，楚屈，景，皆右姓也。其后进拔豪英，论而录之，盖七相五公之所由兴也。魏氏立九品，置中正，尊世胄，卑寒士；权归右姓已。其州大中正主簿，郡中正功曹，皆取士族为之。以定门胄，品藻人物。晋宋因之，始尚姓已。然其别贵姓，分士庶，不可易也。于时有司选举，必稽谱籍而考其真伪。故官有世胄，谱有世官。贾氏，王氏，谱学出焉。由是有谱局。今史职皆具。夫文之弊，至于尚官。官之弊，至于尚姓。姓之弊，至于尚诈。随承其弊，不知其所以弊，乃反古道，罢乡举，离地著，尊执事之吏。于是乎士无乡里，里无衣冠，人无廉耻。士族乱而庶人僭矣。故善言谱者，系之地望而不惑，质之姓氏而无疑，缀之婚姻而有别。”云云。观其言，可见谱学之兴，实由社会故有士庶之别也。

谱牒所以明统系，统系明则氏族不淆。然必社会先有重视氏族之心，而后谱牒之法，得以维持。否则非以伪乱真，即阙而不举矣。此晚唐以后，谱系之所由不可复问也。自宋学盛行，人有敦宗收族之心，而谱牒之纂修复盛。至于今日，苟非极僻陋之邦，极衰敝之族，殆无不有谱。然其用意，则与古大异矣。今人谱法，率本欧，苏。而踵事增华，其例实较欧苏为美备。此篇非讲谱学，姑措勿论。然使今后谱学日以昌明；全国谱牒，皆臻完善，则于治化，固大有裨。何者？人口之增减，男女之比率，年寿之修短，智愚贤不肖之相去；一切至繁至琐之事，国家竭力考查，而不得其实者，家谱固无不具之，且无不能得其实。苟使全国人家，皆有美备之谱牒，则国家可省无数考查之力，而其所得，犹较竭力调查者为确实也。惟此事宜以官力辅助之。昔章实斋撰《和州志》，有《氏族表》。撰《永清县志》，有《士族表》。其《序》，谓“谱牒之书，藏之于家，易于散乱。尽入国史，又惧繁多。方州之志，考定成编，可以领诸家之总，而备史之要删”。又谓“国史不录，州志不载，谱系之法，不掌于官，则家自为书，人自为说，子孙或过誉其祖父，是非或颇谬于国史。其不肖者流，或谬托贤哲，或私粥宗谱。悠谬恍忽，不可胜言”。“今大江以南，人文称盛，习尚或近浮华。私门谱牒，往往附会名贤，侈陈德业，其失则诬。大河以北，风俗简朴，其人率多椎鲁无文。谱牒之学，阙焉不备。往往子孙不志高曾名字；间有所录，荒略难稽，其失则陋”。又谓和州明季乙亥，图书毁于兵燹，家谱世牒，寥寥无闻；而嘉靖，万历中所修州志具在。是在官易守，私门难保之明征。凡此所言，已足见谱牒之事，不宜专责诸私家，而官司必当相助为理。抑予尤有进焉者：古代系世之所以易奠，实以其人皆聚族而居；后世情势既殊，更欲联散处之分支，以同归于一本，力既薄而弗及，情又涣而不亲，必非私家之力所克举。而欲考世系以明史实，辨遗传以定昏姻，有非合远近以共观，则其事不明者。凡若此者，或则行文询问，或则遣吏考查，亦惟官力为能行之。且私家谱牒，纂修纵极详备，终不免限于偏隅。合全国之谱牒而会其通，亦惟官力为能操其关键也。然则国家厘定谱法，责令私家修纂，总其成而辅其不及，实于民政文化，两有裨益矣。宗法之废，由于时势之自然。后人每欲生今反古，谓足裨益治理，其事皆不可行。[1]惟借私家之谱牒，以助官力之调查，则其事极易行，而其所裨实大也。私见如此，窃愿承学之士，共究其利害焉。

吾国表女系之姓，与表男系之正姓，庶姓并行。及庶姓专行，盖各有其时代。表女系之姓之盛行，盖尚在《史记》之前。姬，姜，姚，姒，在当时，盖各为一女系之部落。此等部落，同系者昏姻不通，故以姓别之。迨乎女系易为男系，婚姻之可通与不可通，亦由男系之同异而别，则表女系之姓，已无所用之。故其名犹是，其实遂非。姬，姜，姚，姒，始以表女系者，至是乃以表炎，黄，舜，禹之后矣。于是表女系之姓亡。时则主男系之宗法方盛，乃以正姓表始祖，以明一本；以庶姓表支派，以别

① 如令族长戒敕不肖子弟；两姓有讼，令两族族长，先行调处等皆是。

亲疏。其时此等大姓，大抵聚居一处。有分出者，非为诸侯，即为大夫，谱牒详明。故虽派别支分，而仍不昧其原本。迨封建破坏，诸侯大夫，降为编户，则势散而力薄。遂至但记庶姓，而昧其本姓。封建既废，既无不敢祢先君之别子，又无特起之大夫，无从别立新氏；而一人之后，亦不复如古代之群萃州处，无庸多立新名，以表支派。而所谓庶姓者，遂百世不易。于是正姓亡而庶姓专行矣。自唐以前，辨别姓氏甚严。如《新唐书》言河南刘氏，本出匈奴之刘库仁；柳城李氏，世为契丹酋长；营州王氏本高丽，则同姓而不同族。又如《魏书·高阳王雍传》。言博陵崔显，世号东崔，地寒望劣，则同族而不同望。[①] 凡若此者，无非欲严其区

① 《日知录》卷二十三《通谱》。

别，以明其系统而已。乃自谱牒既亡，而此等区别，又不可知。则今日所谓姓氏，即古所谓庶姓者，亦徒有其名，而不能藉此以别统系矣。故自唐以前，可谓庶姓盛行之时；自五代以后，可谓庶姓衰敝之时也。大抵姓氏之淆乱，非由误分，即由误合。误分者，如伏，虙本一，因字形之异而分为二；共氏，叔氏，段氏，同出郑共叔段而分为三是也。误合者，则如赐姓，改姓，冒姓，子从母姓，奴从主姓，异姓为后；或因字音字形之淆讹；或则复姓去其一字皆是。古姓之可考见者，远且勿论，即五代时之百家姓所载诸姓，今已有不经见者矣。岂亡氏者如此之多邪？其必有与他姓误合者，无足疑矣。又新造之姓，若皆能如汉武帝之于金日磾，取旧姓所无之字，固不虞其混淆。然造姓者又皆不能，于是新造之姓，又与旧有之姓相混。至于今日，殆于纷纭轇轕，不可究诘矣。[①]今日更欲追溯正姓，固不可得。即仅就现行之姓，一一追原其始，亦属无从。然此本无谓之事。吾辈之言谱牒，只在藉以辅助民政。研究学问，则断自所知，翔实记载焉可矣。其不可知者，

① 《日知录》曰：“洪武元年，禁不得胡姓者，禁中国人之更为胡姓，非禁胡人之本姓也。三年，四月，甲子，诏蒙古诸色人等，入仕之后，或多更姓名。朕虑岁久，其子孙相传，昧其本原，非先王致谨氏族之道。中书省其告谕之，如已更易者，听其改正。可谓正大简要。至九年，三月，癸未，以火你赤为翰林蒙古编修。更其姓名曰霍庄。盖亦放汉武赐日磾姓金之意。然汉武取义于休屠王祭天金人，亦以中国本无金姓也。今中国本有霍姓，而赐之霍，则与周霍叔之后无别矣，况其时又多不奉旨而自为姓者。其年闰九月，丙午，淮安府海州儒学正曾秉正言：臣见近来，蒙古色目人，多改为汉姓，与华人无异。有求仕入官者。有登显要者。有为富商大贾者。非我族类，其心必异。宜令复姓，庶可辨识。至永乐元年，九月，庚子，上谓兵部尚书曰：各卫鞑靼人多同名，宜赐姓以别之。于是兵部请如洪武中故事，编置勘合，给赐姓氏。从之，三年，七月，赐把都帖木儿名吴允诚，伦都儿灰名柴秉诚，保住名杨效诚，自此遂以为例。而华宗上姓，与旃裘之种相乱。”云云。案新姓与旧姓之淆混，以此等关系为最多。入民国后之满人，造中国姓名之西教士，皆是也。

不徒不必强溯，彼强为附会者，且宜删削，以昭真实也。

合族而居之制，必盛于天造草昧之时。以其时就政治言，就生计言，均无更大之团体，内藉此以治理，外资此以自卫；而分工合作之道，亦即寓于其中也。逮乎后世，安内攘外，既有国家；易事通工，胥资社会；则合族而居之利，已自不存；而族长手握大权，或碍国家之政令；[①] 群族互相争斗，尤妨社会之安宁；则破大族而代之以小家，亦势不容已矣。职是故，书契所记，三代之时，平民之家，不过五口八口。卿大夫之家，虽可联之以宗法，然同财者仍不过大功以下；且仍许其异居，则其家，

① 如家长有生杀家人之权，即于国家法律有碍。《春秋》之义，斤斤于父杀其子当诛，必当时之俗，实有父杀其子者。“小杖则受，大杖则走”之义，亦因斯而立也。

亦与平民之家无异矣。夫既许其异居，而犹必联之以宗法者，则以封建之世，诸侯卿大夫之族，实系高居民上，役人民以自养，不得不谋自卫之道也。[①] 然则封建废，则宗法亦当随之而废；宗法废，则贵族之家，亦当一如平民之家矣。然后世犹有以宗族百口，累世同居为美谈者，则由未知宗法为与封建相辅而行之制，误以其团结不散，为伦理所当然；且未知古所谓宗，每年仅合食一次，并无同居之事也。累世同居之事，盖起于汉。赵氏翼《陔余丛考》曰：世所传义门，以唐张公艺九世同居为最。然不自张氏始也。《后汉书》：樊重三世共财。缪彤兄弟四人，皆同财业。及各取妻，诸妇遂求分异。彤乃闭户自挝。诸弟及妇闻之，悉谢

① 后来或无此意，然其制之初立，则确系如此。

罪。蔡邕与叔父从弟同居，三世不分，则乡党高其义。又陶渊明《诫子书》云：颍川韩元长，汉末名士。八十而终。兄弟同居，至于没齿。济北氾幼春，七世同财。家人无怨色。是此风起于汉末。陈氏《礼书》曰："周之盛时，宗族之法行，故得以此系民而民不散。及秦用商君之法，富民有子则分居，贫民有子则出赘。由是其流及上。虽王公大人，亦莫知有敬宗之道。浸淫后世，习以为俗。而时君所以统驭之者，特服纪之律而已。间有纠合宗族，一再传而不散者，则人异之，以为义门。岂非名生于不足欤？"盖封建之世；宗法之行分合之间，自有定则。固不至如后世之宗族不相恤；亦断不得生今反古，而同居者至于千百口也。赵氏综计前史，谓历代义门，见于各史《孝义》《孝友》传者，《南史》十三人，《北史》十二人，

《唐书》三十八人，《五代》二人，《宋史》五十人，《元史》五人，《明史》二十六人。又有不在《孝友》《孝义传》，而杂见于《本纪》《列传》者。又有正史不载，杂见他书者。其风可谓盛矣。然顾亭林《日知录》曰："宋孝建中，中军府录事参军周殷启曰：今士大夫父母在而兄弟异居，计十家而七。庶人父子殊产，八家而五。其甚者，乃危亡不相知，饥寒不相恤。宜明其禁，以易其风。当日江左之风，便已如此。《魏书·裴植传》云：植虽自州送禄奉母，及赡诸弟，而各别资财，同居异爨，一门数灶。盖亦染江南之俗也。隋卢师道聘陈，嘲南人诗曰：共甑分炊饭，同铛各煮鱼。而《地理志》言蜀人敏慧轻急，小人薄于情礼，父子率多异居。《宋史》：太祖开宝元年，六月，癸亥，诏荆蜀民祖父母，父母在者，子孙不得别财异居。二年，八月，丁亥，诏川峡诸州，察民有父母在而别籍异财者，论死。太宗淳化元年，九月，辛巳，禁川峡民父母在出为赘婿。真宗大中祥符二年，正月，戊辰，诏诱人子弟析家产者，令所在擒捕流配。其于教民厚俗之意，可谓深且笃矣。[①] 若刘安世劾章惇，父在别籍异财，绝灭义礼，则史传书之，以为正论。马亮为御史中丞，上言父祖未葬，不得别财异居。[②] 乃今之江南，犹多此俗。人家儿子娶妇，辄求分异。而老成之士，有谓二女同居，易生嫌竞；式好之道，莫如分爨者。岂君子之言与？”观顾氏之言，则知析居之风，由来已久；[③] 且

① 《辽史》圣宗统和元年，十一月，诏民有父母在，别籍异居者坐罪。

② 原注：李元纲《厚德录》。

③ 顾氏又引《抱朴子》：“汉桓帝之世，更相滥举。时人为之语曰：举秀才，不知书。察孝廉，父别居。”则其风之盛，实不待宋孝建中矣。

滔滔者天下皆是。赵氏所辑累世同居之事，虽若甚多，实则九牛之一毛耳。此等累世同居之人，其原因有二：（一）由误谓伦理当然。汉人之行之，盖以其时去封建之世未远，习以惇宗睦族为美谈，而不察其实也。后人遂仍其误，莫之能正。宋儒墨守古人制度，提唱同居尤力。顾氏《华阴王氏宗祠记》曰："程，朱诸子，卓然有见于遗经。金元之代，有志者多求其说于南方，以授学者。及乎有明之初，风俗淳厚。而爱亲敬长之道，达诸天下，其能以宗法训其家人，或累世同居，称为义门者，往往而有。"可见同居之盛，由于理学家之提唱者不少矣。（二）则随时随地，各有原因，非逐一考证，不能明了。如《日知录》谓："杜氏《通典》言北齐之代，瀛，冀诸刘，清河张，宋，并州王氏，濮阳侯族，诸如此辈，近将万室。《北史·薛允传》：为河北太守，有韩马两姓，各二千余家。今日中原北方，虽号甲族，无有至千丁者。户口之寡，族姓之衰，与江南相去复绝。”陈宏谋《与杨朴园书》，谓：“今直省惟闽中，江西，湖南，皆聚族而居，族居有祠。”则聚居之风，古代北盛于南，近世南盛于北。盖由北齐之代，丧乱频仍，民多合族以自卫。而南方山岭崎岖之地，进化较迟。流移者须合迁徙之人为一，乃足自安。土著者或与合族而居之时，相距未远故也。苟欲深明其故，则如《陔余丛考》所载历代累世同居之事，非一一按其时地，考厥情形不可。固不容执一端以强断之矣。

此等聚族而居之事，流弊颇多。读清高宗乾隆二十九年江西巡抚辅德一疏可见。疏云：“江西民人，有合族建祠之习。本籍城乡，暨其郡郭，并省会地方，但系同府，同省之同姓，即纠敛金钱，修建祠堂。率皆栋宇辉煌，规模宏敞。其用余银两，置产收租。因而不肖之徒，从中觊觎。每以风影之事，妄启讼端。藉称合族公事，开销祠费。县讼不胜，即赴府翻。府审批结，又赴省控。何处控诉，即住何处祠堂，即用何处祠费。用竣，复按户派出私财，任意侵用。”又云：“所建府省祠堂，大率皆推原远年君王将相一人，共为始祖。如周姓则祖后稷，吴姓则祖泰伯，姜姓则祖太公望，袁姓则祖袁绍。有祠必有谱。其纂辑宗谱，荒唐悖谬，亦复如之。凡属同府，同省者，皆得出费与祠，送其支祖牌位于总龛之内，列名于宗谱之册。每祠牌位，动以千百计。源流支派无所择。出钱者联秦越为一家，不出钱者，置亲支于局外。原其创建之初，不过一二好事之徒，藉端建议，希图经手侵渔。访其同府，同省同姓，或联络于生童应考之时，或奔走于农民收割之后。百计劝捐，多方耸动。愚民溺于习俗，乐于输助。故其费日集而多，其风日踵而盛。初成广厦，置之空闲。歇讼聚赌，窝匪藏奸，不可究诘。近于省会祠中，复经拏获私铸案犯。”云云。其流弊可谓大矣。先是，陈宏谋官江西，令民选举族正族约。官给牌照，令司化导约束之事。其事亦实不可行。乃辅德议废祠宇，宏谋犹寓书杨朴园，谓其“因偶然之弊，而废长久之良法”。[①]何其迂而不切于务与。

宗法盛行之时，国家之下，宗亦自为一阶级。龚定庵谓“周之盛也，周公。康叔以宗封。其衰也，平王以宗徙。翼顷父，嘉父，戎蛮子，皆以宗降。汉之实陵邑，以六国巨宗徙”[②]是也。

① 《经世文编》卷五十八。
② 《农宗篇》。

小程谓“汉高祖欲下沛，只是以帛书与父老，父兄便能率子弟从之。又如相如使蜀，亦遗书责父老，然后子弟皆听其命”。亦由于此。小程谓“必有尊卑上下之分，然后顺从而不乱。若无法以联属之，安可”？因谓“管摄天下人心，收宗族，厚风俗，使人不忘本，须是明谱系，收世族，立宗子法”。殊不知国家之职，正在削平各种阶级，使人人直属于国。宗法盛行之时，其民诚不如后世之散无友纪。自卫之力既强，卫国之力亦大。然其为政令之梗亦甚。古所以有族诛之刑者，正以其时族之抟结厚，非如此，不足以绝祸根也。若后世，安用此乎？

强宗巨族之害如此，则所谓义门，实不足尚。斯理也，明达事理之士，亦多见及之。其言之最直捷者，无过于李穆堂。穆堂《别籍异财议》曰：“吾江西风俗淳厚，聚族而居。族必有祠，宗必有谱。尊祖敬宗之谊，海内未能或先。至于一家之中，累世同爨，所在多有。若江州陈氏，青田陆氏，并以十世同居，载在史册。今此风亦稍替矣。观朱子晓谕兄弟争财产事，援据礼律，以敦教化。凡祖父母，父母在堂，子孙别籍异财者，并将关约呈首抹毁。不遵者依法断罪。信乎儒者之政，异乎俗吏之为之也。然细思之，尚有未尽善者。盖禁其争财可也，禁其分居，恐未可也。孟子论王政，止称八口之家。朱子释之，以弟为余夫，壮而有室，即别授百亩。是古者未尝禁人之分居也。惟是乡田同井，相友。相助，相扶持，则分而不分耳。迨世既衰，渐失友助扶持之意。于是笃行之士，矫为累世同居之事。姑以劝亲睦而激薄俗耳，非比户所能行也。凡累世同居者，必立之家法。长幼有礼。职事有司。管库司稽，善败惩劝，各有定制。又必代有贤者，主持唱率，而后可行。否则财相竞，事相诿；俭者不复俭，而勤者不复勤，势不能以终日。反不如分居者各惜其财，各勤其事，犹可以相持而不败也。至于祖父母，父母在堂，亦微有辨。如年逾七十，宜传家政；或年虽未衰，别有疾病，而不任综理；则子孙析居，亦无不可。且其家既分析，必其家法未立；又无可兼综之人。今必责已分者使之复合，是强人以所不能，势不行矣。”其说可谓甚通。姚崇遗令，以达官身后，子孙失荫，多至贫寒。斗尺之间，参商是竞。欲预为分定，以绝后争。亭林谓当时老成之士，谓式好之道，莫如分爨。皆与穆堂所见相同者也。

抑民间之分居，尚有出于不得已者。唐玄宗天宝元年，敕：“如闻百姓，有户高丁多，苟为规避，父母见在，乃别籍异居。宜令州县勘会。其一家之中，有十丁已上者，放两丁征行赋役。五丁以上放一丁。即令同籍共居。以敦风教。其赋丁孝假，与免差科。”[①] 盖古以人丁众寡，定户等高下，析居所以避多丁，免重役也。宋时之民，有自杀以免其子之役者。此岂空言礼教，所能强使同居哉？

五口八口之家，虽非强宗巨族之比。为家长者，亦终必带几分压制，况于累世同居者乎？浦江郑濂，累世同居。明太祖问以其道。对曰：“惟不听妇人言耳。”此一语尽之矣。清刘绍攽论之曰：“不听妇言，家亦无有不离者。女子之生，惟夫是依。方其待嫁，未尝不厚自期许，曰：异日者，佐吾夫，齐吾家；及其既归，又未尝不深自黾勉，曰：今日者，幸得佐吾夫，庶几齐吾家。而夫乃曰：是离吾家者，言不可听。

① 谓应赋之丁，遇父母亡则免差科，谓之孝假。

则其情必睽。夫夫之于妇，其情最笃。笃者睽之，奚论不笃者？吾不知夫之父母，兄弟，姑姊，妯娌之属，又当何如疑虑，何如防闲？为之妇者，行且自计：谓我以夫为家，夫顾外我，家之人从而摈我，然则家非我有，我何幸其齐？又何忧其不齐？适足以毁其家耳。”颇能针砭俗儒之失。然今日之所谓家者而不改，女子终不能自拔。争女权者，亦不必计较于百步五十步之间也。

今日之所谓家者不改，又有一弊。亡清之末，议定民律。某君司起草，尝演说曰：“今日政治之不善，中国人重视其家之习，有以为之累也。国家之任官，将使之行国家之意也。而今之官吏，无不为财来。故缺有肥瘠，差有美恶。彼直商贾耳，安暇奉公？其所以如此者，皆家为之累也。今日人人重视其家之习不改，一切皆无可望，亦不独政治也。”其言善矣。然以此偏责中国人，则亦未是。今日欧美人之家，特较中国人之家，大小不同耳，其性质固无以异也。中国人思自利其家，欧美人独不思自利其家乎？且由今之道，无变今之俗，即将今所谓家者毁弃，亦人人思自利其身耳。人人思自利其身，其诒害于公，与人人思自利其家，有以异乎？无以异乎？此事症结，自别有在。断非数条民律，所能转移也。

古代财产，本为一族所公有。为族长者，持操其管理之权耳。古所以严“父母存不有私财”之禁者，非恶其有财，乃恶其侵家长治理之权也。为家长者，财虽非其私有，然既操管理之权，则其实与私有无异。古代贵族所以争袭者，半亦由此。若平民，则百亩之田，率由公给，转无所谓继嗣之争矣。后世财产私有，而其情形乃一变。

财产为一族所公有之世，为族长者，虽得操其治理之权，然财究非其私有。则所谓继嗣者，亦继嗣其治理之权而已。夫治理之权，固不可分，则于众子之中，不得不择其一。其后财为一族所公有之制既废，而以一子继嗣之习犹存，遂成一子袭产之制。专产业于一人，坐视其余之人，无立锥之地，于理殊觉不安。吾国则久行均分之制。《清律》："分析家财田产，不问妻，妾，婢生，但以子数均分"，是也。[①]至此，则所谓宗族者，仅存空名，既无权力，又无财产。南方山岭之区，或有设立规条，以治理族众者。然其权力究亦不大。江河流域之平原，则几于无复此事。即有之，亦仅存其名而已。族中公产，如祭扫等费，亦其微已甚。

① 奸生之子,依子量与半分。无子立继者,与私生子均分。

其小有可观者，则为后人放宋范仲淹所置之义田。或由一二人出资，或由合族所醵。用以赡其族之老，幼，孤，寡，贫病者。助其丧葬婚嫁。亦或推广之，设立义塾，津帖应试者之旅费。此诚得互助之道。然必限之以宗族，则仍未免楚弓楚得，失之不广也。[①]

立后之法，亦今古不同。古者大宗不绝小宗绝，[②] 今则人人皆欲立后。言礼者多深非之。[③]然主张人皆立后者，亦自有其说。其说曰：

---

① 义田赡族，创之者意诚甚美。然实惠所及，时或不多。以一姓之人口，必降而愈繁，财产不易与之比例而增也。陈宏谋官江西时，尝劝其民将宗祠经费，举办社仓，立还借之法，以期可久。

② 《仪礼·丧服》："大宗者，尊之统也。大宗者，收族者也。不可以绝。故族人以支子后大宗也。"《公羊》庄二十四年解诂："小宗无子则绝。"宗子为殇而死，庶子弗为后。盖后其父也。

③ 黄宗羲曰："古来宗法，有大宗，有小宗。余子无后者，祔祭于宗子之庙。大宗不可绝，故族人以支子后大宗。非

（转下页）

“古者行世官世禄之制，不可令小宗旁支，杂出干预。后世则惟有世职，世爵，及如明之屯军有句丁，盐丁，工匠有世役者，乃当用此例。此外则入官悉由选举；庶孽崛起，即同别子之尊；正适失官，还同庶人之贱。其贫富亦视其勤惰奢俭以为衡。若必责贵家之正适以收族，非废选举而行世官，夺庶孽之财，以与正适不可。[①] 且古之有家，略同有国，统绪不可沦亡。后世既无世官，世禄，但论亲情，则适庶，长幼，同是五世则迁之宗耳。何必夺人之子以为子？亦何必舍其父而谓他人父哉？夫如是，则大宗不可立。大宗不立，则人人各亲其亲，各祢其

（接上页）

大宗而立后者，古未有也，今一人必求一继者，世俗之瞽说也。”案柳宗元《与许孟容书》，自以得姓来二千五百年，代为冢嗣，故以无后为戚。犹非如世俗之人人皆欲立后也。

① 案此乃后世国权扩大，人人直属于国之证。古之臣人者，以其宗，非以其人；任人者，亦任其宗，非任其人也。

祢，固其所也。又以祭祀论。古者殇与无后者，祭于宗子之家，从祖祔食。今无宗子，则无祖庙，令其祔食何所乎？且后世田产非由官授，率皆自致，国家亦既许其私之矣。死而收之，亮非人情所愿，而于事亦不甚便。令其亲族分受，纠纷益多。[①]转不如立一人焉，令其尽生养死葬祭祀之责，而许其承受之为得也。”凡此，皆主人人可以立后者之说也。[②]议论如是，而法律随之。清代之法，无子者许以同宗昭穆相当之侄承继。先尽同父周亲。次及大功，小功，

---

① 案旧律有无男归女，无女入官之条。无男归女，实为允协。无女入官，于理亦允，而于事不甚便。恐与其人切近者，知其死后产将入官，于其生前设计攘夺，使老而无后者，不得安其生也。

② 并有谓绝父以后大宗，非古人之意者。其说曰：“父而可绝，则适子何以不得后大宗，而必以支子乎？”按此古人语不具耳。“大宗无后，族无庶子，当绝父以后大宗”，明见于石渠之议。又《通典》载田琼之论，亦谓当以“长子后大宗。诸父无后，祭于宗家。后以庶子还承其父”。此事自无疑义也。

缌麻。如俱无，许择立远房及同姓。[①]然此但就亲族伦序言。而承继之人，实有承受产业之关系。法律既保护私产，不能强人与所不欲与之人。且承继之子，当尽奉养其父母之责。亦不能强立其所不爱。故《例》又云："继子不得于所后之亲，听其告官别立。其或择立贤能，及所亲爱者，若于昭穆伦序不失，不许宗族以次序告争，并官司受理。"盖专重本人之意思矣。

一族人丁衰少时，往往近亲固无多丁，远房亦无支子。《清律》既禁以异姓为后，又必令昭穆伦序相当，则欲立后者，仍有无后可立之虞。故高宗时，又定兼祧之法，令一子得兼

① 此中伦序，议论亦不一。如以同父周亲论：有谓长房无子，必以次房次子承继；次房无次子，乃得立三房之次子；不得越次房而及三房，亦不得越次子而及第三子者。有谓除各房之长子，惟其所欲者。有谓宜择最多子之一房，令其承继者。并有谓亲疏相等，可决之以卜者。于理皆有可通，于礼与律，皆无明据，吾谓以律意推之，自以惟其所欲之说为最当也。

承两房之嗣。[①]而人人皆可立后之义，乃几于无憾矣。

近人《立后论》云："现行律《男女婚姻条例》：招婿养老者，仍立同宗应继者一人，承奉祭祀，家产均分。如未立继身死，从族长依例议立。《立嫡子违法条例》：妇人夫亡无子守志者，合承夫分。须凭族长择昭穆相当之人继嗣。据此两条：无子者须强使立后。无子者之财产，且强使给与嗣子。有亲女者，虽招婿养老，亦仅能与嗣子均分。天下不近人情之事，莫过于此。然考此两条，为清朝后起之例。明清两朝律文，均无强人立嗣之法。明清律但罚异姓乱宗，罚尊卑失序，未尝言不立嗣者处

① 大宗子兼祧小宗，小宗子兼祧大宗，皆以大宗为重。为大宗父母服三年，为小宗父母服期。小宗子兼祧小宗，以本生为重。为本生父母服三年，兼祧父母服期。此所谓大宗。指长房而言。小宗，谓次房以下。

罚也。即清朝旧例：无子者许令同宗昭穆相当之侄承继，先尽同父周亲。次立大功，小功，缌麻，如俱无，方许择立远房及同姓为嗣。所谓许令者，本系听人之便，非谓无子者必令同宗昭穆相当之侄承继也。由明清上溯之元。《元史·刑法志户疏议》引《户令》：无子者听养同宗于昭穆相当者。曰听养，亦非强人养。可知古法相传，无强人立嗣之法。宋初新定《刑统》，《户绝资产》下引《丧葬令》：诸身丧户绝者，所有部曲，客女，奴婢，店宅，资财，并令近亲转易货卖。将营葬事，及量营功德之外，余财并与女。无女，均入以次近亲。无亲戚者，官为检校。若亡人在日，自有遗属处分，证验分明者，不用此令。此《丧葬令》乃《唐令》。知唐时所谓户绝，不必无近亲。虽有近亲，为营丧葬，不必立近亲为嗣子。而远亲不能争嗣，更无论矣。虽有近亲为之处分，所余财产，仍传之亲女。而远亲不能争产，更无论矣。此盖先世相传之法，不始于唐。秦汉以前有宗法。秦废封建，宗法与之俱废。萧何定《九章》，乃变为户法。宗法以宗为单位。户法以户为单位。以宗为单位，有小宗可绝，大宗不可绝之说。以户为单位，无某户可绝，某户不可绝之理。故《唐律》禁养异姓男，《户令》听养同宗，乃于可以不绝之时，为之定不绝之法。《丧葬令》使近亲营葬事，亲女受遗产，乃于不能不绝之时，为之定绝法。此户法当然之理也。”

又云：“为人后之说，始见于《仪礼》。然孔子射于矍相之圃，凡贲军之将，亡国之大夫，与为人后者不入。郑康成曲为之解，谓与犹奇也。后人者一人而已，既有为者，而往奇之，是贪财也。观此解，可知东汉时有争继之俗，为人后之弊已见。然与字文义甚明，正不必强训为奇。俞樾《茶香室经说》曰：为人后之礼，当始于周。何以明之？以殷事明之。殷人立弟之法，以次传讫，仍归其兄子。如大丁未立而卒，立其弟外丙，中壬，而复立大丁之子大甲是也。然沃丁崩，立其弟大庚；大庚崩，立其子小甲，不复立沃丁之子。小甲崩，立其弟雍己；雍己崩，立其弟大戊；大戊崩，立其子中丁，不复立小甲之子。盖以沃丁小甲无子故也。无子即无后，可知殷礼不为无子者立后。是以文王有长子伯邑考，不以武王之子为之后，犹用殷礼也。孔子有兄孟皮，不以伯鱼为之后，孔子自言殷人，用殷礼也。上古大同之义，不独亲其亲，不独子其子，人固不必皆有后。故古有无服之丧。而丧之无后者，族人与前后家，东西家及里尹，皆得主之。何以立后为？立后之礼，其起于后世之各亲其亲，各子其子乎？孔子有志于大道之行，故矍相之圃，创立此法。此说足以释为人后者不入之故。读此，亦可知立后之多事矣。”

又其《读律余谈》云：“日本法律有女户主。以女子奉祭祀，而赘婿入女子之家。此为欧西法律所无。然祭祀之俗，既不能废，为无子者计，与其以他人之子承祭祀，固不如以亲女承祭祀。谓祭祀必由男系相承，亦言之不能成理，不过习惯而已。欧西民法，虽无女户主，然各国宪法，每以女子承王位，则亦女户主之理也。《汉书·地理志》载齐襄公时，令国中民家长女不得嫁，名曰巫儿，为家主祠。嫁者不利其家。民至今以为俗。是汉时长女主祠，亦名巫儿。巫儿不必齐襄之法。《秦策》曰：太公望齐之逐夫。《说苑》亦言太公望故老妇之出夫。夫而可逐，可出，则与日本之女户主无异。可知齐国早有巫儿之法也。《贾谊传》言秦地子长则出赘，本以避赋役。故秦汉之法，薄待赘婿。或加算，或遣戍。因赘婿无籍，以其妻之籍为籍。此其妻皆巫儿也。观此，知吾国旧法，与日本同。宋程大昌《演繁露》，载元丰六年，提举河北保甲司言：乞义子孙，舍居婿，随母子孙，接脚夫等，见为保甲者，候分居日，此有分亲属给半。诏著为令。此所谓舍居婿，即现行《律》所谓招婿养老，日本《民法》所谓婿养子缘组。所谓接脚夫，即日本《民法》所谓入夫，乃以男子入寡妇之家。现行《律》及公文书，无接脚夫之说。然乡俗数见不鲜。吾吴谓之填黄泥。或曰爪脚黄泥。爪脚即接脚。接音闭口，例转幽宵，故讹为爪脚。黄泥即巫儿。古音儿本读倪，倪宽即儿宽。巫儿转为黄泥，犹胡瓜转为黄瓜，无是公作亡是公耳。巫儿本义，为长女主祀。

巫者，女能事无形，以舞降神者也。《诗》曰：谁其尸之，有斋季女。中华定民法，苟不废祭祀之制，固宜采巫儿之俗，参女户主之法。礼顺人情，可免狱讼之劳，杜觊觎之习矣。”

案此说谓女子亦可承袭为户主，于理甚通。《左》哀六年，陈乞谓诸大夫曰：“常之母有鱼菽之祭，愿诸大夫之化我也。”注云：“齐俗妇人首祭事。”此亦巫儿之类。知读律余谈之说，非附会之谈也。惟欲使无子者不立后，则非今日所能。中国人所以必欲立后，盖中于“不孝有三，无后为大”之说。古人所以为此说，则以其谓鬼犹求食之故。今日此等迷信，虽不如古人之深，然亦未尽破除。又人情于其所甚爱者，每不愿其灭绝。中国人上不爱其国，下不爱其群，所毕生尽力经营者，厥惟家室。钟鸣漏尽，犹欲举其所有，传之所爱之人；且立一人焉以主之，勿使之绝。此亦生于此时此地者之恒情。非社会组织大更，其情不能遽变。人心不变，虽强以法律禁止，亦必不能行。女子不得继嗣，在今日特囿于习俗，而习俗之成，亦有其故。盖在古昔，法律之效未普，强暴之力横行，欲图保家，必资刚劲。女子之力，不若男子之强，独力持门，虑难自守。职是之故，不愿付诸亲生之女，转愿托之入继之男。今后法律，果确能保障人权；弱女持家，不虑亲邻之陵侮。则私其子姓，人有恒情，固不虑女子之不能袭产。若乃由今之道，无变今之俗；强陵弱，众暴寡；官司惟作调停之计，乡里不闻仗义之言。任令群狡之合谋，坐视孤穷之无告，则利害所在，人同趋避之情。虽歆之曰：此为文明，斥之曰：彼为野蛮，又孰愿取虚名而受实祸哉？

异姓为后，古人所非，鄫以外孙为后，而《春秋》书“莒人灭郑”[①]是也。然其事为世俗所恒有。方氏苞曰：“俗之衰，人多不明于天性，而骨肉之恩薄。谓后其父母者，将各亲其父母；无父母而自知其所出，犹有外心焉；故常舍其兄弟之子，与其族子，而求不知谁何之人，取之襁褓之中，以自欺而欺人。”此犹仅得其一端。以予所见，固有恶同族之觊觎，而甘付诸异姓者矣。天下亲爱之情，自近者始。怨毒之结，亦以近者为深。故亲兄弟，同父母，有相疾若仇雠者，路人则反无之。何则？其势不相及也。此自事势当然，徒执亲疏厚薄之说以责人，皆不通世故者也。立后限于同姓与否，各国立法，亦各不同。今日继嗣，究重袭产而

① 《公羊》襄五，六年，《穀梁》义同。

不重祭祀。苟非共产，产业固当保护。传诸何人，当一听其人之自愿。禁立异姓为后之律，今后实宜除之。又养子与立后不同。旧律虽不许立异姓为后，未尝不许养异姓为子；且许其分得资产。而世俗遇此等事，必群起而攻之。借口不许乱宗，实欲把持财产。所谓“其言蔼如，其心不可问”[①]也。清张海珊与其外家严姓亲族书曰：“情之所极，即礼之所通，昔汉秦嘉早亡，妻徐淑，乞子养之。淑亡，子还所生。朝廷通儒，遣其乡里，录淑所养子，还主秦氏之祀。孙吴周逸，本左氏子，为周所养。周氏

---

① 《清律例》：“乞养异姓为子以乱宗族者，杖六十。以子与异姓人为嗣者，罪同。其子归宗。其遗弃小儿，年在三岁以下，虽异姓，仍听收养，即从其姓。仍酌分给财产。又义男女婿，为所后之亲喜悦者，听者相为依倚，不许继子并本生父母，用计驱逐，仍酌分给财产。若无子之人家贫，听其卖产自赡。”除为乱宗一养所牵率外，所以保护本人之残产权者，亦甚周至矣。

又自有子。人咸讥逸。逸敷陈古今，卒不复姓。董江都一代醇儒，朝有疑义，则使者以片言折衷焉。时有疑狱曰：甲无子，拾道旁弃儿为己子。乙。长杀人，甲匿乙。甲当何论？董曰：甲无子，振养活乙。虽非所生，谁与易之？《春秋》之义，父为子隐。甲宜匿乙。不当坐。又一事曰：甲有乙，以乞丙。乙后长大，而丙所成育。甲因谓乙曰：汝吾所生。乙怒，杖甲。甲告官。董曰：甲生乙，不能育，义已绝矣。虽杖甲，不应坐。夫藏匿逋逃，断以父子之律。加杖所生，附于不坐之条。其为予夺，不既明乎？”案江都明于《春秋》，而其所言，若与“莒人亡郑”之义相反者？一以公言，一以私言。彼亦谓有国有家之主，不得私以其位授异姓。犹孟子谓“子哙不得与人燕”耳。以私情论，则“子生三年，然后免于父母之怀”，亦以养言，非以生言也。

【附录】

中国阶级制度小史

提要

此篇论我国阶级制度之起原，共有几种，其后如何变化，消灭，或则至今仍留遗迹，沿流溯源，异常明晰；其中论国人野人为最古之阶级，游侠为古武士之遗，古所谓君子者，道德之真相，武力富力阶级之递嬗，尤为独具，只眼欲知中国社会组织之真相者，不可不人手一编。

吾国古代之阶级，最严重者，盖为国人及野人。周官有询国危，询国迁，询立君之礼，享其权者，皆国人也。[①]孟子曰："国人皆曰贤，然后察之。见贤焉，然后用之。国人皆曰不可，然后察之。见不可焉，然后去之。国人皆曰可杀，然后察之。见可杀焉，然后杀之。"[②]《王制》："爵人于朝，与众共之。刑人于市，与众弃之。"即此数语之注脚。朝与市皆在国中者也。大王之迁岐也，属其耆老而告之。夫岂能尽属其所统属之耆老？则其所属者，都邑中之耆老而已。民从之者如归市，亦其所属之耆老，率其子弟而从之而已。厉王之监谤也，国人莫敢言，道路以目，三年，乃相与畔，袭王流王于彘亦国人为之也。古代之国人，所以能享此权利，有

① 见《政体篇》。

② 《梁惠王下》。

此势力者？盖其国家之成立，率由部落相并兼。一部落征服他部落，则择中央山险之地，筑城以居，是之谓国。其四面平夷之地，则所征服之民居之，以从事于耕农。是之谓野，故国人者，征服人之族。野人者，为人所征服之族也。此事最显明之证据，则国人服兵役，而野人则否，参考古代兵制，自能知之。

职是故，古代国家之基础，实惟国人；而野人则关系较浅。国以外之土地，可以时有赢缩。但使其国仍在，国人不至尽怨叛以去，如《春秋》所谓“梁亡”[①]者，则苟有贤君，仍有复兴之望。若夫野人，则赋役轻减，即歌颂德惠；苟遇虐政，则“逝将去女，适彼乐土”而已。

---

① 《公羊·僖公十九年》：“梁亡，此未有伐者。其言梁亡何。自亡也。其自亡奈何。鱼烂而亡也。”注：“梁君隆刑峻法，一家犯罪，四家坐之。一国之中，无不被刑者。百姓一旦相率俱去，状若鱼烂。鱼烂从内发，故云尔。”

古代国家，疆域之张缩，户口之增减，率由于此。

国以内之人民，亦有阶级否乎？曰：有。此其阶级，盖因职业之不同而生。与国人野人，本为异部落者不同也。古代职业之别，时曰士，农，工，商。[①]《管子·小匡篇》曰："士农

① 此为最普通之区别。《穀梁·成公元年》："古者有四民：有士民，有商民，有农民，有工民。"《公羊·成公元年》解诂："古者有四民。一曰德能居位曰士，二曰辟土殖谷曰农，三曰巧心劳手，以成器物曰工，四曰通财鬻货曰商。"《汉书·食货志》："学以居位曰士。辟土殖谷曰农。作巧成器曰工。通财鬻货曰商。"皆与《管子·小匡篇》同。《周官·太宰》："以九职任万民：一曰三农，生九谷。二曰园圃，毓草木。三曰虞衡，作山泽之材。四曰薮牧，养蕃鸟兽。五曰百工，饬化八材。六曰商贾，阜通货贿。七曰嫔妇，化治丝枲。八曰臣妾，聚敛疏材。九曰间民，无常识，转移执事。"分别非不细密。然其所举，在士农工商之外者，要不若士农工商之重要也。《史记·货殖列传》："故待农而食之，虞而出之，工而成之，商而通之。"《周书》曰："农不出则乏其食。工不出则乏其事。商不出则三宝绝。虞不出则匮财少。"此因商贾所贩率多山泽之材，故特举一虞。《左氏·宣公十二年》，"荆尸而举，商，农，工，贾，不败其业"。则去士但言农工商，而加一贾字以足句耳。

工商，四民者，国之石民也。不可使杂处。杂处则其言哤，其事乱。是故圣王之处士，必于间燕；处农必就田野；处工必就官府；处商必就市井。”使之“群萃而州处”“不见异物而迁”。则“其父兄之教，不肃而成；其子弟之学，不劳而能”。是故“士之子常为士”“农之子常为农”“工之子常为工”“商之子常为商”。职业之不同，既足使权力之大小，因之而异。而其业又守之以世，则积之久而地位之高低随之，亦其势也。[①] 此等阶级中，其权力最大，地位最高者，厥惟世为官吏之家，时曰百姓。[②]

---

① 《淮南子·齐俗训》：“人不兼官，官不兼事。士农工商，乡别州异。是故：农与农言力，士与士言行，工与工言巧，商与商言数。是以士无遗行，农无废功，工无苦事，商无折货。”说与《管子·小匡篇》同。

② 后世百姓与民同义，古代则不然。《书·尧典》：“以亲九族，九族既睦。平章百姓，百姓昭明。协和万邦，黎民于

（转下页）

百姓之未受爵者曰士。[①]职卑于士者曰庶人。[②]不治公务，但事生业者曰民。[③]野人则变民言

（接上页）

变时雍。”《礼记·大传》：“重社稷，故爱百姓。爱百姓，故刑罚中。刑罚中，故庶民安。”皆以百姓与民分言间有百姓与民同义者。如《中庸》：“子庶民则百姓劝。”下又云“时使薄敛，所以劝百姓”是也。然不多见。

① 古者五十而后爵，爵则为大夫。《冠义》曰：“天子之元子，犹士也。天下无生而贵者也。”士非爵。而又与庶人不同。盖有受爵之资格而未爵者也。其所以有受爵之资格，则以生于百姓之家故也。

② 庶人亦治公务，然尊卑与士大异。《孟子·万章下》篇：“在国曰市井之臣，在野曰草莽之臣，皆谓庶人。庶人不传质为臣，不敢见于诸侯。”与士之得见于君者大异矣。盖一生于世族之家，一生于民之家也。《孝经·庶人章》疏：“严植之以为士有员位，庶人无限极，故士以下皆为庶人。”

③ 古民与人异义。《论语·宪问》：“子路问君子。子曰：修己以敬。曰：如斯而已乎？曰：修以己安人。曰：如斯而已乎？曰：修己以安百姓。”集解：“孔曰：人谓朋友九族。”朋友，如秦穆之于三良，故与九族同在百姓上。

氓。[①]盖亦曰黔首？[②]大抵有官爵者为君子，无官爵者为小人。[③]君子治人，小人治于人。治于人者食人，治人者食于人。此古代社会阶级之大凡也。

此等阶级，盖随世而显。隆古之世，交通阻隔，生事单简。各部落互相吞并之事既少，一部落中，因任职之异，以致地位不同者亦希，

---

① 《周官·遂人》注："变民言甿，异内外也。"民氓亦有通言者。《韩非子·难一》："四封之内，执会而朝名为臣。臣吏分职受事名曰萌。"此萌字，该内外之民言之。以国人野人，后来其别渐氓也。古之言民，颇以远近而异。以其时列国并立，非如后世之一统也。《礼记·祭义》："百众以畏，万民以服。"疏："百众，谓百官众庶。万民，谓天下众民。"众庶指本国之民，万民指列国之民也。

② 《礼记·祭义》疏："凡人以黑巾覆头，故谓之黔首。汉家仆隶谓苍头。以苍巾为饰，异于民也。"《史记·秦始皇本纪》：二十六年，"更命民曰黔首"。窃疑古代黔首，惟氓为然。其后民氓不别，则有黔首者，有不然者。始皇欲应水德，乃令凡民皆以黑巾覆头。故当时异军特起，即有以苍头为别者。汉时黔首之俗遂不改，乃以苍头施之仆隶也。

③ 君子小人，后以德言，初盖以位言。

则其阶级不甚显著。世运日进，社会之组织，日益复杂，则阶级之差，亦因之而甚。《礼记·祭义》曰：“有虞氏贵德而尚齿。夏后氏贵爵而尚齿。殷人贵富而尚齿。周人贵亲而尚齿。”贵德者，纯视其人之德行才能，更无他种差别。可谓最为平夷。贵爵则始以朝廷之尊显为荣矣。贵富者？注曰：“臣能世禄曰富。”则始优异及于任职者之子孙矣。贵亲者？亲其本族，异于他族。则亦将亲其本部落，异于他部落。征服者与所征服者之阶级，盖自此而起也。此皆一社会中，组织日益复杂，而各部落又互相吞并为之也。

阶级之别既生，则上等阶级之所以自奉养，及其所以自表异者，自有不同。《汉书·货殖传》曰：“昔先王之制，自天子，公侯，卿，大夫，士，至于皂隶，抱关，击柝者，其爵禄奉养，宫室，车服，棺椁，祭祀，死生之制，各有差品。小不得僭大，贱不得逾贵。”此即《左氏》所谓“君子小人，物有服章；贵有常尊，贱有等威”[①]者也。《荀子》曰：“夫贵为天子，富有天下，是人情之所同欲也。然则从人之欲？则势不能容，物不能赡也。故先王案为之制礼义以分之。使有贵贱之等，长幼之差，知愚能不能之分。皆使人载其事，而各得其宜。是夫群居和一之道也。故仁人在上：则农以力尽田；贾以察尽财；百工以巧尽械器；士大夫以上，至于公侯，莫不以仁厚知能尽官职；夫是之谓至平。故或禄天下而不自以为多：或监门；御旅；抱关；击柝，而不自以为寡。故曰：斩而齐，枉而顺，不同而一，夫是之谓至平。”[②]此等议论，乃

① 宣公十二年。

② 《荣辱》。

制度既定后所生，固不能谓其无理。然追原其朔，则征服之族，役所征服者以自养；居要地者，朘不居要地者以自肥而已。

或谓既有阶级，则一人为刚，万夫为柔；居最高之位者，惟我独尊可也，而何必于我与下民之间，多设阶级？曰：此则贾生言之矣。“人主之尊譬如堂，群臣如陛，众庶如地。陛九级上，廉远地则堂高。陛亡级，廉近地则堂卑。高者难攀，卑者易陵，理势然也。故古者圣王，制为等列。内有公卿，大夫，士，外有公，侯，伯，子，男。然后有官师小吏，延及庶人。等级分明。而天子加焉。故其尊不可及也”。“今自王侯三公之贵，皆天子之所改容而礼之也。古天子之所谓伯父伯舅也。而令与众庶同黥劓髡刖，笞骂弃市之法。然则堂不亡陛乎？被戮辱者不泰迫乎”？天下惟等级多而去人远者为尊。平易近人，未有能自表异者也。君主之尊，原非一蹴而几；其初原与贵族相去不远；其后亦未尝不务划除贵族之权力；然于其虚文，必务保存之者？夫固有深意存乎其间也。

阶级之别，固非美事。然古之所谓君子，其风概亦有足多者。今试举其两端：一曰厉节行，一曰远禄利。贾生曰："古者礼不及庶人，刑不至大夫。所以厉宠臣之节也。古大臣：有坐不廉而废者，不曰不廉，曰簠簋不饰。坐污秽淫乱，男女亡别者：不曰污秽，曰帷薄不修。坐罢软不胜任者，不谓罢软，曰下官不职。故贵大臣定有罪矣：犹未斥然正以呼之也，尚迁就而为之讳也。故其在大谴大何之域者，闻谴何，则白冠牦缨，盘水加剑，造请室而请罪耳。上不执缚系引而行也。其有中罪者，闻命而自弛。上不使人颈戾而加也。其有大罪者，闻命：

则北面再拜，跪而自裁。上不使捽抑而刑之也。曰：子大夫自有过耳；吾遇子有礼矣。遇之有礼，故群臣自憙。婴以廉耻，故人矜节行。上设廉耻礼义以遇其臣，而臣不以节行报其上者，则非人类也。故化成俗定：则为人臣者，主耳忘身，国耳忘家，公耳忘私；利不苟就，害不苟去，惟义所在：上之化也。故父兄之臣，诚死宗庙。法度之臣，诚死社稷。辅翼之臣，诚死君上。守圄扞蔽之臣，诚死城郭封疆。故曰：圣人有金城者，比物此志也。”此厉节行之效也。董子曰：“皇皇求财利，常恐乏匮者，庶人之意也。皇皇求仁义，常恐不能化民者，大夫之意也。”“公仪子相鲁。之其家，见织帛，怒而出其妻。食于舍而茹葵，愠而拔其葵。曰：吾已食禄，又夺园夫红女利乎？古之贤人君子，在列位者皆如是。是故下高其行而从其教，民化其廉而不贪鄙。”此远禄利之效也。此外古书所谓君子之行，不胜枚举。其初固由自视与齐民异，有以养成之。然及其既成，则有先忧后乐之心，无朘人自利之念，抑且谦卑自牧，不敢以贤能贵富上人。其风概诚有足多者。在恃一阶级为中坚之世，实国家之桢干，社会之表率也。有一种社会制度，即有一种与之相应之道德。社会制度既变，则此道德亦随之。古代之道德，永为后世所矜式者，实以此种君子之风概为多。[①]后世社会之阶级渐平[②]，阶级时代之道德，亦随之而弛；而新道德迄未成立。至今日，则相需殷而相遇尤疏。此其所以戚然

① 固有更高于此者，然能领受力行者必少矣。

② 士之与民，最初盖截然异其阶级。士者战士，民则农民也。《管子·五辅》：“其士民贵武勇而贱得利，其庶人好耕农而恶饮食。”最可见二者之别。近人辑《中国之武士道》一书，其所载，盖皆古所谓士之行也。

若不可终日也。

古代之阶级，果何自而平乎？曰：随社会之组织而变。国人与士大夫，本系同族，所异者职位耳。职位而可以互易，阶级即可以渐平。古虽行世官之制，然官家之子弟未必皆才；而草野之贤能，时或可以济变：则不得不使“卑逾尊，疏逾戚”[①]矣。《荀子》曰：“王公士大夫之子孙，不能属于礼义，则归之庶人。庶人之子孙，积文学，正身行，能属于礼义，则归之卿相士大夫。”[②]虽系理想之谈，亦必略有事实为据，不能凭空捏造也。此等情势，盖世变愈亟则愈烈，“栾，郤，胥，原，狐，续，庆，伯，降在皂隶”，[③]特数十百年间事耳。

---

① 《孟子·万章下》。（此处疑错，应出自《孟子·梁惠王下》。——编者注）

② 《王制》。

③ 《左》昭三。

楚材晋用，春秋时已侈为美谈。降至战国，则朝秦暮楚，更习为常事矣。[①] 古代学校，盖为贵族所专有。选举则自士以下，大夫以上皆世官。然司徒十有二教，其十有一日以贤制爵，则平民之能获爵位者，亦必有之。[②] 又世官之制，与封建相辅而行。封建废则世官亦废。东周而后，封建实已岌岌不能维持。“诸侯不臣寓公”，“寓公不继世”，则亡国以后，犹得

① 当时僻陋之国，尤藉他国之贤才。秦用百里，由余，吴用巫臣，燕用乐毅，是其事。李斯《谏逐客书》所言，亦多情实，非尽巧辞游说也。秦用商鞅，楚用吴起，皆收富国强兵之效。然二人皆被害。可见贵族与游士之不并立矣。登用贤才，不论阶级，自古即有之。孟子曰：“舜，发于畎亩之中，傅说，举于版筑之间，胶鬲，举于鱼盐之中。管夷吾，举于士。孙叔敖举于海。百里奚举于市。”舜所居一年成聚，二年成邑，三年成都；师锡之举，果系明扬侧陋与否，诚有可疑。然其初尝从事于耕稼，陶，渔，则其起自微贱，似无疑义。此外诸臣，尤无可疑矣。《礼记·杂记下》，孔子曰：“管仲遇盗，取二人焉。以为公臣。曰：其所与游者辟也，可人也。”管仲与鲍叔贾。贾亦当时贱业也。此等事不胜枚举。

② 古爵始大夫，士不为爵。

保其地位者，惟国君与其夫人二人。仍以及身为限。亲自公子，贵自大夫，皆已降为平民矣。《春秋》之中，弑君三十六；亡国五十二，诸侯奔走，不得保其社稷者，不可胜数。然见于《春秋》者，不过十之一二耳。则当时诸侯，卿，大夫，失其位者多矣。此王官之学，所以散为九流也。又国人与士大夫，本系同族，则昏姻可以互通。其后因职业，地位之积重，庸有不通婚姻之事。然界限初不甚严。《左》定九年，“齐侯伐晋夷仪。敝无存之父将室之。辞，以与其弟。曰：此役也，不死，反必取于高，国”。可见当时平民贵族之通昏，实较晋南北朝时为易。僖二十五年，王与晋阳樊，温，原，攒茅之田。阳樊不服，围之。仓葛呼曰：“此谁非王之亲姻，其俘之也？”可见王之亲姻为平民者不少矣。盖贵族平民之更迭既烈，王之亲姻，固难长保其富贵也。此皆由职业而生之阶级，所以渐平也。

国之与野，其初阶级当较严。然考诸书传，亦无甚严之界画可见。盖其事已属过去也。大抵征服人者，与服于人者，其初不免互相嫉视。阅时渐久，则仇怨之念渐消，和亲之情日织。此亦人类之恒情。而事势之变迁，尤有使阶级日趋泯灭者。国有限，野无限；国人人口增加，不得不移居于野，则国人变为野人矣。世运日进，卿大夫之家邑，日益盛昌，驯至与国都抗衡；因工商业而起之都会，亦日增月盛。则野人变为国人矣。夫国人之与野人，所异者文质耳。国人渐变为野人，野人渐变为国人，则二者之区别渐泯。又古之野人，所以与国人权利不同者，以国人当兵，而野人则否。后世战争日烈，数千万人，不足集事，则不得不推及野人。于是野人之强弱，与国人等。其所享之权利，自亦渐相等矣。又文化日盛，则平等之义日昌。孔讥世卿，墨明尚贤，皆是物也。人心所趋，制度自为之丕变。于是国人野人之阶级，亦归于消减矣。[①]

又有所谓奴婢者，则其贵贱与平民绝殊。[②]奴婢缘起，盖一由罪人，一由俘虏。周官司隶有五隶，其罪隶为罪人，蛮隶，闽隶，夷隶，貉隶，则皆异族。古未闻有虐待异族，使为奴婢之事，盖亦俘虏也。《王制》：“公家不畜刑人；大夫弗养；士遇之途，弗与言也。屏之四方，不及以政，示弗故生也。”《穀梁》曰：

---

① 《王制》：“仕于家者，出乡不与士齿。”《礼运》：“仕于公曰臣，仕于家曰仆。”可见二者区别之严。然及春秋之世，则有以陪臣执国命者矣。

② 奴婢古亦曰臣妾。《左》僖十七年，“男为人臣，女为人妾”。

“礼：君不使无耻，不近刑人。不狎敌，不迩怨。践人非所贵也，贵人非所刑也，刑人非所近也。”[①] 此今文家义。《周官》[②] 曰：“墨者使守门。劓者使守关。官者使守内。刖者使守囿。”此古文家义。《诗·正月》：“民之无辜，并其臣仆。”毛传：“古者有罪，不入于刑，则役之圜土，以为臣仆。”今文家所谓奴隶，盖此类也？文王之治岐也，“罪人不孥”。[③] 而《书·甘誓》曰：“予则孥戮汝。”说者谓孥当为奴，罚止其身。或曰：《甘誓》所言者，军刑也。[④]《周官》：春官世妇，“掌女宫之

① 襄二十九。

② 指《周礼》，下同。——编者注

③ 《孟子·梁惠王下》。

④ 《费誓》：“汝则有无余刑，非杀。”《伪孔传》曰：“刑者非一也，然亦非杀汝。”正义：“言刑者非一，谓合家尽刑之。王肃云：汝则有无余刑，父母妻子同产皆坐之，无遗

（转下页）

宿戒”。注：“女宫，刑女给宫中事者。”秋官司厉，“男子入于罪隶，女子入于舂藁”。盖其身犯罪者也。《左》襄二十五年，“晋侯伐齐。齐人请成，男女以班”。说者谓为降礼，以备受俘者之点验。则古战败举族为俘之事盖甚多。[1]盖皆使治劳溽之事？然亦有不必然者。如襄十一年，郑人赂晋侯以师悝，师触，师蠲，此皆有才技之人，亦必如蒙古克城，别籍工匠矣。凡奴婢，主人待之，未必皆善，故逃亡之事颇多。《费誓》曰：“马牛其风，臣妾逋逃，

（接上页）

免之者，故谓无余之刑。然入于罪隶，示不杀之。郑玄云：无余刑非杀者，谓尽奴其妻子，不遗其种类。在军使给厮役，反则入于罪隶舂藁。不杀之。”案《费誓》所言，亦军刑也。厮役，盖奴隶给事军中者。《公羊》宣公十二年，“厮役扈养，死者数百人”。《战国策》苏秦说魏襄王，谓魏之卒，有“厮徒十万”。

① 春秋时未必如此，特存此礼耳。

勿敢越逐。祗复之。我商赉尔。乃越逐，不复，汝则有常刑。无敢寇攘，逾垣墙，窃马牛，诱臣妾。汝则有常刑。”《左》昭七年，“楚子为章华之宫，纳亡人以实之。无宇之阍入焉。无宇执之。有司执而谒诸王。无宇辞曰：周文王之法曰，有亡荒阅，所以得天下也。吾先君文王，作《仆区之法》，曰：盗所隐器，与盗同罪，所以封汝也。若从有司，是无所执逃臣也；逃而舍之，是无陪台也；王事毋乃阙乎？昔武王数纣之罪，以告诸侯，曰：纣为天下逋逃主，萃渊薮，故夫致死焉”云云。可见逃奴之多，而容留逃奴者，为社会所疾恶矣。

《文选》司马子长《报任安书》李注引韦昭曰：“善人以婢为妻，生子曰获。奴以善人为妻，生子曰臧。齐之北鄙，燕之北郊，凡人男而归婢谓之臧，女而归奴谓之获。”[1]则奴婢之家属，亦不得为良人。然脱奴籍并不甚难。《左》襄三十二年[2]，“斐豹，隶也，著于丹书。栾氏之力臣曰督戎，国人惧之。斐豹谓宣子曰：苟焚丹书，我杀督戎。宣子喜曰：而杀之，所不请于君，焚丹书者，有如日”。则纯由君主一人之命令耳。此后世之君，所由屡以诏旨，释放奴婢也。

方氏苞曰：“古无奴婢，事父兄者子弟也，事舅姑者子妇也，事长官者属吏也。惟盗贼之子女，乃为罪隶而役于官。战国，秦汉以后，平民始得相买为奴。然寒素儒生，必父母笃老，子妇多事，然后佣仆赁妪，以助奉养。金陵之

① 《方言》：“荆，淮，海岱之间，骂奴曰臧，婢曰获。燕，齐，亡奴谓之臧，亡婢谓之获。”

② 此处疑误，应为《左》襄二十三年。——编者注

俗，中家以上，妇不主中馈，事舅姑。缝紝补缀，取办于工。仍坐役仆妇及婢女数人，少者亦一二人”，云云。案此风今遍全国矣。《周官》，内竖，“掌内外之通令，凡小事”。注：“以其无与为礼，出入便疾。”以童子给使令，盖古之通礼。一以其出入便疾，一亦以幼事长之意也。《曲礼》：“长者赐，少者贱者不敢辞。”注：“贱者，僮仆之属。”少者，则子弟也。《左氏》曰：“士有隶子弟。”孔子使阙党童子将命。子游曰：“子夏之门人小子，洒扫应对进退则可矣。”皆以少者服劳。《管子·弟子职》所言是其事。《论语》记樊迟御，冉有仆，则虽年长，仍服劳役矣。《左氏》所载，晋侯有竖头须，[①] 士伯有竖侯獳，[②] 叔孙有

① 僖二十四。
② 僖二十八。

竖牛，[1]则诸侯大夫，亦不过如此。其奴婢之长大者，皆以任重难之事，所谓“耕当问奴，织当问婢”，非以给使令也。[2]惟奴婢仍事耕织，故其数可以甚多。《史记·货殖传》谓“童手指千，则比千乘之家”，白圭，刁间，蜀卓氏，皆以此起其业，其明验矣。[3]

古代社会阶级，以予观之，不过如此。《左》昭七年，陈无宇曰：“天有十日，人有十等。王臣公，公臣大夫，大夫臣士，士臣皂，皂臣舆，舆臣隶，隶臣僚，僚臣仆，仆臣台”乃其职事相次；非其人分贵贱，如此其繁。《王制》：“凡

---

① 昭四。

② 《曲礼》：“大夫七十而致仕，行役以妇人。”《王制》：“八十者，一子不从政。九十者，其家不从政。废疾非人不养者，一人不从政。”盖皆其家人。

③ 吕不韦家僮百人，嫪毒家僮数千，留侯家僮三百，皆见本传及《世家》。卓王孙僮客八百，程郑数百人，见《司马相如传》。

执技以事上者，祝史，射，御，医，卜，及百工。凡执技以事上者，不贰事，不移官，出乡不与士齿。”亦职业之关系，非其人有贵贱也。①

以上所述阶级，盖起于隆古之世？至东周以后，乃逐渐破坏。其所以破坏，一言蔽之，曰：武力衰敝，生计组织变迁而已矣。缅想古代；以一部落，征服他部落，则择中央山险之地，筑城居之；而使所征服之民，居于四周，为之耕稼：是生国人野人之别。而国人之中，亦因职业，才智之异，而生君子，小人之别焉。是时国人之武力，盖诚非野人所及？国中之富厚，亦非野外可比。则国中之文明，自必较野外为高。国人之性质，亦必较野人为华。君子

① 司马迁《报任安书》：“仆之先，非有剖符丹书之功。文史，星历，近乎卜祝之间，固主上所戏弄，倡优畜之，而流俗之所轻也。”

为战胜之族之领袖，其德智才力，自又非寻常国人所及。此其阶级，所以能持久而不敝也。世运日进，人事推移。所谓君子者，既以养尊处优，日即于骄淫矜夸，而渐丧其美德。下级社会之德智才力，或反驾乎其上。又以人民之移殖，都邑之增筑，人类和亲之情之昌盛，而国人野人之阶级，亦渐即于平夷。则隆古以来，因武力不同所造成之阶级破坏矣。然武力不同之阶级虽除，而财力不同之阶级又起。盖在古昔，生事简单。所谓富者，则广有土田之君卿大夫；所谓贫者，则力耕百亩之庶民而已。斯时之贵者必富，贱者必贫，亦固其所。后世井田之制渐坏，封君而外，亦有大有土田之人。而秦汉时之大地主以生，耕地而外，山林川泽，古者皆属公有，后渐为一二人所占，则所谓"擅山泽之利"者以起。古代工皆设官，商人贸迁，大者皆在国外。国内之小商贾，不过博锱铢之利而已。后世则工业皆由私营，贸迁化居之事亦日盛。而豪商及大工业家，复乘时崛起焉。人类之竞争，既依法律而不容专恃武力，则武士无所用其技；而工于心计，暨能勤事生产之民，日益富厚。势固然也。富厚所在，则声势及权力随之。《史记·货殖列传》云："编户之民，富相什则卑下之，百则畏惮之，千则役，万则仆。"《汉书·货殖列传》云："编户齐民，同列而以财力相君；虽为仆隶，犹无愠色"，其情形，与见在之社会，无以异矣。

然古之阶级，亦非经此一破坏，遂消灭无余也。语曰："百足之虫，死而不僵。"人类习以武力相尚；优于武力者，便把持社会之权利。此等局面，既已相沿数千年。安得一朝而遂尽？故其制虽坏，而其遗孽，留于秦汉之世者，犹有二焉：一曰豪族，一曰游侠。[1]豪族者，盖古君卿大夫之遗？此等本皆有国有家之君，后虽丧败，犹为人民所敬畏。秦始皇灭六国，徙天下豪富于咸阳，十五万户。汉高祖定天下，亦徙齐楚大族于关中。史云所以“强干弱枝”，抑亦以便监制也。然秦虽如是，而陈胜一呼，不期年，六国皆立。破釜沉船，摧秦征讨之师者，楚世将家项氏。沛公因之略韩地，入武关，遂屋秦社者，则五世相韩之张良也。亡秦者盖犹豪族矣？汉兴，海内疲于兵革，亟思休养生息。朝廷亦行宽政，以优细民。清静宁一之治，更未必得罪于巨室。此等人无隙可乘，遂以获安。然到处有强宗巨家，或为政令之梗。其势力固未尽消减也。豪右者，古贵族之遗骸，游

① 六国游士之多，亦以是时国家灭亡者众，向之仕于小国，或卿大夫之家者，皆失其职也。

侠则其精魂也。古之君卿大夫，盖多能养士？至于后世，或因其武德之堕落，或因其国家之亡灭，不复能然。然所谓武士者，徒能执干戈，事战斗，而不能事家人生产。莫或豢之，则怅怅无所之矣。于斯时也，草野之士，有具武士之风，君人之德，而能收恤困穷者，士固将奔赴之。《史记·游侠列传》以延陵，孟尝，春申，平原，信陵之徒，与闾巷之侠，相提并论，可见其实为同物也。[1] 此等人皆有徒众，其善者，

① 朱家“所藏活豪士以百数。其余庸人，不可胜言。然终不伐其能，歆其德。诸所尝施，惟恐见之。振人不赡，先从贫贱始。家无余财，衣不完采，食不重味，乘不过軥牛。专趋人之急，甚己之私。剧孟死，家无十金之财”。此皆古贤士大夫为人上者之行，亦即君人之德也。《游侠列传》谓游侠：“其言必信，其行必果。已诺必诚。不爱其躯，赴士之阸困。”此皆古交友之道。其借交报仇，则古朋友固有相许以死者也。古者君臣之间，亦重意气。与朋友之交，本有相似处。游侠能尽交友之道，亦即其有君人之德。而士之归之者，其实亦即奉以为君也。《游侠列传》谓：“古布衣之侠，靡得而闻已。”又

（转下页）

则如墨子之徒百八十人，皆可使之赴汤蹈火，用以行义。[①]其不义者，则如汉高能附沛中子弟，彭越能从泽间少年耳。当时揭竿斩木者，盖皆此曹，故汉世务摧锄之也。

四序之运，成功者退。以豪族与游侠较，则豪族藉家世之余荫者为旧，而游侠起于闾巷之间者为新。秦汉之际，六国之后，纷纷自立者皆败，而草泽之雄卒成，盖由于此。[②]以游

（接上页）
谓“儒墨皆排摈不载”，自秦以前，匹夫之侠，湮灭不见。其实侠皆起于封建破坏，士无所养之世，前此固无有也。

① 古儒墨并称，儒侠亦并称，明墨之行原于侠。史公谓儒墨皆排摈不载，失其本矣。古所谓道德，皆征服阶段之道德，征服阶级中，性情和平者则为儒，激烈者则为墨。儒者君子之行，墨者武士之风也。

② 《廿二史札记》曰：“汉初诸臣，惟张良出身最贵，韩相之子也。其次则张苍，秦御史，叔孙通，秦待诏博士。次则萧何，沛主吏掾。曹参，狱掾，任敖，狱吏。周苛，泗水卒史。傅宽，魏骑将。申屠嘉，材官。其余陈平，王陵，陆贾，郦商，郦食其，夏侯婴等皆白徒。樊哙则屠狗者。周勃则织薄
（转下页）

（接上页）
曲，吹箫给丧事者。灌婴则贩缯者。娄敬则挽车者。一时人才，皆出其中，致身将相。前此所未有也。盖秦汉间为天地一大变局。自古皆封建，诸侯各君其国，卿大夫亦世其家。成例相沿，视为固然。其后积弊日甚。暴君荒主，既虐用其民，无有底止。强臣大族，又篡弑相仍，祸乱不已。再并而为七国，益务战争，肝脑涂地。其势不得不变。而数千年世侯世卿之局，一时亦难遽变。于是先从在下者起。游说则范雎，蔡泽，苏秦，张仪等，徒步而为相。争战则孙膑，白起，乐毅，廉颇，王翦等，白身而为将。此已开后世布衣将相之例。而兼并之力，尚在有国者。天方籍其力以成混一，固不能一旦扫除之，使匹夫而有天下也。于是纵秦皇，尽灭六国，以开一统之局。使秦皇当日，发政施仁。与民休息。则祸乱不兴，下虽无世禄之臣，而上犹是继体之主也。惟其威虐毒痛，人人思乱。四海鼎沸，草泽竞奋。于是汉祖以匹夫起事，角群雄而定一尊。其君既起自布衣，其臣亦自多亡命无赖之徒，立功以取将相。此气运使然也。天之变局，至是始定。然楚汉之际，六国各立后，尚有楚怀王心，赵王歇，魏王咎，魏王豹，韩王成，韩王信，齐王田儋，田荣，田广，田安，田市等。即汉所封功臣，亦先裂地以王彭，韩等，继分国以侯绛灌等。盖人情习见前世封建故事，不得而遽易之也。乃不数年，而六国诸王皆败灭。汉所封异姓王八人，其七人亦皆败灭。则知人情犹狃于故见，而天意已另换新局。故除之易易耳。而是时尚有分封子弟诸国。迨至七国反后，又严诸侯王禁制，除吏皆自天朝，诸侯王惟得食租衣税。又多以事失侯。于是三代世侯世卿之遗法，始荡然净尽，而成后世征辟，选举，科目，杂流之天下矣。岂非天哉？”

侠与富豪较，则游侠袭封建之遗风者为旧，而富豪凭生计之权籍者为新。故游侠经景武之摧残：遂以澌灭，而富豪则终汉世无如何也。[①]

---

① 游侠自武帝以后，日以陵夷。《史记》谓关中长安樊仲子等，“虽为侠，而逡巡有退让君子之风”，是也。《汉书·郑当时传》，亦可见其概。今录其文如下：《汉书》曰：“当时以任侠自喜，脱张羽于阨。声闻梁楚间。孝景时，为太子舍人。每五日洗沐，常置驿马长安诸郊，请谢宾客。夜以继日，至明旦。常恐不遍。当时好黄老言。其慕长者，如恐不称。自见年少官薄。然其知友，皆大父行，天下有名之士也。武帝即位，当时稍迁，为鲁中尉，济南太守，江都相。至九卿。为右内史。以武安，魏其时议，贬秩为詹事。迁为大司农，当时为大吏，戒门下。客至，亡贵贱，亡留门下者。执宾主之礼，以其贵下人。性廉。又不治产。卭奉赐给诸公。然其馈遗人，不过具器食。每朝，候上间说，未尝不言天下长者。其推毂士及官属丞史，诚有味其言也。尝引以为贤于己。未尝名吏。与官属言，若恐伤之。闻人之善，言进之上，惟恐后。山东诸公，以此翕然称郑庄。使治决河，自请治行五日。上曰：吾闻郑庄行千里不赍粮，治行者何也。然当时在朝，常趋和承意，不敢甚斥臧否。汉征匈奴，招四夷，天下费多，财用益屈。当时为大司农，任人宾客僦。入多逋负。司马安为淮阳太守，发其事。当时以此陷罪，赎为庶人。顷之，守长史。迁汝南太守。数岁，以官卒。昆弟以当时故，至二千石者六七人。当时始与汲黯列为九卿，内行修。两人中废，宾客益落。当时死，家无余财。先是

（转下页）

贫富与贵贱，相符之阶级，易而为贫富与贵贱不相符之阶级，实出于事势之自然而无如何。然为人心所不习，故欲恢复旧制者甚多。商君治秦，“明尊卑，爵秩等级。各以差次名田宅臣妾，衣服以家次。[①]有功者显荣。无功，虽富，无所芬华”。[②]即以法令之力，强复旧制。贾生太息于“后之服。众庶得以衣孽妾；天子

（接上页）

下邽翟公为廷尉，宾客亦填门。及废，门外可设爵罗。后复为廷尉。客欲往。翟公大署其门曰：一死一生，乃知交情。一贫一富，乃知交态。一贵一贱，交情乃见。”又《灌夫传》：“夫不好文学，喜任侠。已然诺。诸所与交通，无非豪桀大猾。家累数千万。食客日数十百人。陂池田园，宗族宾客为权利，横颍川。颍川儿歌之曰：颍水清，灌氏宁。颍水浊，灌氏族。”田蚡之短魏其灌夫曰：“天下幸而安乐无事，蚡得为肺腑，所好音乐，狗马，田宅，所爱倡优，巧匠之属，不如魏其，灌夫，日夜招聚天下豪桀壮士，与论议，腹诽而心谤；卬视天，俛画地，辟睨两宫间，幸天下有变，而欲有大功。”亦可见游侠所以见裁抑也。

① 《索隐》：“谓各随其家爵秩之班次。”

② 《史记》本传。

之服，富人大贾，得以被墙”。晁错谓：“今法律贱商人，商人已[1]富贵矣；尊农夫，农夫已贫贱矣。俗之所贵，主之所贱；吏之所卑，法之所尊。上下相反，好恶乖迕，而欲国富法立，不可得也。”所疾视者，亦贫富贵贱之不相符也。以理论言，则贫富宜与贵贱符，贵贱宜与才德之大小符。然此事谈何容易。言谈之徒，徒疾贵富者之不必有才德，遂欲国家奋然行其予夺之权。殊不知此事非国家所能任；即能行之，亦断无以塞众人之望也。

古代之阶级，尚有遗留于后世者，魏晋以后之门阀是也。赵氏翼《陔余丛考》有一条，述六朝时贵族寒门悬隔之甚。极为该备。今录其说如下。

---

① “己”，当为“已”。本页内后文中的“己”，均当为“已”。——编者注

《陔余丛考》曰：六朝最重氏族。盖自魏以来，九品中正之法行，选举多用世族。下品无高门，上品无寒士，当其入仕之始，高下己分。《谢宏微传》：晋世名家，身有国封者，起家多拜散骑侍郎。《张缵传》：秘书郎四员，为甲族起家之选。他人不得与。徐坚《初学记》亦谓秘书郎与著作郎，江左以来，多为贵游起家之选。故当时谚曰：上车不落为著作，体中何如则秘书。齐明帝制：寒人不得用四幅伞。《梁武帝纪》，旧制：甲族以二十登朝。后门以通立始试吏。魏孝文光极堂大选，八族以上，士人品第有九。九品之外，小人之官，复有七等。王俭属王琨用东海郡吏。琨曰：三台五省，皆是郎用人。外方小辙，当乞寒贱。省官何为复夺之？此其大较也。是以矜门第者高自标置。崔悛尝谓卢元明曰：天下盛门，惟我与尔。苟伯子亦谓王融曰：天下膏粱，惟使君与下官耳。其视后门寒素，不啻如良贱之不可紊越。赵邕宠贵一时，欲与范阳卢氏为婚。卢氏有女，其父早亡。叔许之。而其母阳氏不肯，携女至母家藏避。崔巨伦妇眇一目，其家议欲下嫁，巨伦姑悲戚，曰：吾兄盛德，岂可令此女屈事卑族？右军将军王道隆，权重一时。到蔡兴宗前，不敢就席。良久方去，兴宗亦不呼坐。何敬容与到溉不协。谓人曰：到溉尚有余臭，遂学作贵人。以其祖彦之担粪也。问[①]有不恃门第，肯降心俯就卑秩，如羊欣，王筠之流，已传为盛德之事。[②]而单门寒士，亦遂自视微陋，不

---

① “问”，当为“间”。——编者注

② 《羊欣传》：不肯为会稽世子元显书扇。元显乃以欣为后军舍人。此职本用寒人。欣不以为意。《王筠传》：王氏过江以来，未有居郎署者。筠初仕为尚书郎。或劝不就。筠曰：陆平原，王文度，皆尝为之。吾得比踪昔人，何多所恨。

敢与世家相颉颃。如吴逵有至行，郡守王韶之，擢补功曹。逵以门寒，固辞不就。宗越本南阳次门，以事黜为役门。后立军功。启宋文帝，求复次门。其有发迹致通显。得与世族相攀附，已为荣幸之极。王敬则与王俭同拜开府仪同。徐孝嗣谓俭曰：今日可谓连璧。俭曰：不意老子遂与韩非同传。敬则闻之，曰：我南沙小吏，徼幸遂与王卫军同日拜三公，夫复何恨？会稽郡最重望计及望孝。蔡兴宗为郡守，举孔仲智子为望计，贾原平子为望孝。仲智本高门，而原平一邦至行，遂与相敌。孙搴寒贱，齐神武赐以韦氏为妻。韦氏乃士人女。时人荣之。郭琼以罪死——其子妇，范阳卢道虞女也。没官。神武以赐陈元康。元康地寒，人以为殊赏。可见当时风尚，右豪宗而贱寒畯，南北皆然，牢不可破。高允请各郡立学，取郡中清望，人行修谨者为学生。先尽高门，次及中等。魏孝文帝以贡举猥滥，乃诏州郡慎所举，亦曰门尽州郡之高，才极乡闾之选。杨公则之在湘州也，悉断单门以贿求州职者。所辟皆州郡著姓。梁武至班下诸州以为法。宋弁为本州大中正，世族多所抑降。反为时人所非。张缵，李冲，李彪，乐运，皇甫显宗之徒，欲力矫其弊，终不能挽回万一。[①] 甚致习俗所趋，积重难返，虽帝王欲变易之而不能者。宋文帝宠中书舍人宏兴宗，谓曰：卿欲作士人，得就王球坐，乃当判尔。若往诣球，可称旨就席。及至，宏将坐，球举扇曰：卿不得尔。宏还奏。帝曰：我便无

① 缵为吏部，后门寒素，皆见引拔，不为贵门屈意。李冲以魏孝文有高卑出身，各有常分之诏，上疏曰：未审上古以来，置官列位，为欲为膏梁地？为欲赞益时政。李彪疏曰：升下若专以门第，不审鲁之三卿，孰若四科？显宗曰：升下不应以贵承贵，以贱承贱。乐运曰：选举当不限资阴，惟在得人。苟得其人，自可起厮养而为卿相。

如此何。他日，帝以语球，欲令与之相知。球辞曰：士庶区别，国之常也。臣不敢奉诏。纪僧真自寒官历至尉军府参军主簿。宋孝武帝尝目送之，曰：人生何必计门户。纪僧真，堂堂贵人，所不及也。其宠之如此。及僧真启帝曰：臣小人，出自本州武吏。他无所须，惟就陛下乞作士大夫。帝曰：此事由江敩，谢瀹。我不得措意。可自诣之。僧真承旨诣敩，登榻坐定。敩命左右：移吾床让客。僧真丧气而退。告帝曰：士大夫固非天子所命。路太后兄庆之孙琼之诣王僧达。僧达了不与语。去，遂焚琼之所坐床。太后泣诉帝。帝曰：琼之年少，无事诣王僧达，见辱乃其宜耳。中书舍人狄当，周赳，并官枢要。欲诣同省张敷，恐其见轻。当曰：吾等并已员外郎，何忧不坐？及二客就席，敷呼左右曰：移吾床远客。赳等失色而去。建元中，欲以江谧掌选。诏曰：江谧寒人，不得等竞华侪。然甚有才干，可迁掌吏部。用一寒人，至特发明诏，似有不得已者。侯景之请婚于王谢也，梁武帝曰：王谢门高，可于朱张以下求之。益州刺史邓元起，功勋甚著，而名地卑琐。愿名挂士流，乞上籍出身州从事。始兴王憺命庾荜用之。荜不可。憺不能折。乃止。后荜子乔为荆州别驾。州人范兴话，以寒贱，仕叨九流，选为州主簿。梁元帝勒乔听兴话到职，乔曰：乔忝为端右，不能与小人范兴话为雁行。元帝乃停兴话。北齐娄太后为博陵王纳崔悛妹为妃，敕其使曰：好作法，勿使崔家笑人。历观诸史，可见当时衣冠世族积习相仍，其视高资膴仕，本属分所应得，非关国家之简付。毋怪乎易代之际，莫不传舍其朝，而我之门户如故也。甚且以革易为迁阶之地。记传所载，遂无一完节者。而一二捐躯殉国之士，转出于寒人。世风至此，国谁与立？可为浩叹者也。《唐书·高士廉传》：太宗以山东人士，好尚阀阅。诏士廉与韦挺，岑文本，令狐德棻刊正姓氏。普责天下谱牒，参考史传。先宗室，后外戚。抑新门，褒旧望。右膏梁，左寒畯。第为九等。而崔氏犹为第一。太宗列居第三。诏曰：曩时南北分析，故以崔，卢，王，谢为重。今天下一家，当朝擢用。古称立德，立功，立言，次即有爵。遂合二百九十三姓，千六百五十一家为《氏族志》，颁行天下。然则此风唐初犹未艾。太宗固尝欲力矫其弊。然观士廉及李义府传，谓自魏太和中，定望族七姓，子孙迭为婚姻。唐初，作《氏族志》，一切降之。后房元龄[1]，魏征，

① 指“房玄龄”，因唐时为避违，故书中记为“房元龄”。

李绩等，仍与为婚。故望不减。义府为子求婚不得，乃奏禁焉。其后转益自贵，称禁婚家。凡男女潜相聘娶，天子不能禁云。《杜羔传》：文宗欲以公主降士族，曰：民间婚姻，不计官品，而尚阀阅。我家二百年天子，反不若崔卢耶？可见唐中叶以后，民间犹仍此风。《五代史·崔居俭传》：崔氏自后魏，随，[1]唐为甲族。吉凶之事，各著家礼。至其子孙，犹以门望自高。又唐庄宗以卢程不能草文书，乃用冯道为掌书记。程故名族也，乃大恨，曰：用人不以门阀，而先田舍儿耶？则五代时犹有此风矣。《袁朗传》：袁自汉司徒滂至朗，凡十二世，为司徒司空者四世。淑，觊，粲皆死难。朗自以人地，虽琅琊王氏多公卿，特以累朝佐命有功，鄙不

① “随”，为“隋”之误。——编者注

为伍。朗孙谊，亦曰：门户者，历世名节，为天下所高，老夫是也。山东人尚婚媾，重利禄，何足重哉？此则以节行为门户，较胜于势位相高者矣。[1]

此事之原因，后人率以归诸九品中正，或谓五胡乱华，衣冠之族，耻血统与异族相混而然。实不尽然。观柳芳论氏族之语，则知“命官以贤，诏爵以功；先王公卿之胄，才则用，不才则弃”，原为汉初特有之事。其后“徒山东豪桀，以实京师，而进拔其中之豪英。七相五公，由斯而起”。则已不能尽守其开国之旧。“魏立九品，置中正，尊世胄。卑寒士。”亦习俗使然。盖自古有士庶之分。[2]汉初，君相

---

① 卷十七《六朝重氏族》。（本段全部引自《陔余丛考卷·十七》。——编者注）

② 士者，所谓先王公卿之胄。庶则故为平民者也。

皆起草泽。与世家大族不相中，故其用人不论门弟。然一时之政治，不能胜积久之习俗。故阅时久而门阀之焰复张。九品中正之制，正可云习俗战胜政治耳。

一阶级之崩坏，必其阶级之人，自有以致之。《廿二史札记》有《江左世族无功臣》《南朝多以寒人掌机要》两条，可见当时门阀所以亡灭之故。今录如下：

《江左世族无功臣》条云：六朝最重世族，已见《丛考》前编。其时有所谓旧门，次门，后门，勋门，役门之类。以士庶之别，为贵贱之分。积习相沿，遂成定制。陶侃微时，郎中令杨晫与之同乘。温雅谓晫曰：奈何与小人同载？郗鉴陷陈午贼中。有同邑人张实，先附贼。来见，竟卿鉴。鉴曰：相与邦壤，义不及通。何可怙乱至此？实惭而退。杨方在都，缙绅咸厚之。方自以地寒，不愿留京，求补远郡。乃出为高梁太守。王僧虔为吴兴郡守。听民何系先等一百十家为旧门，遂为阮佃夫所劾。张敬儿斩桂阳王休范，以功高，当乞镇襄阳，齐高辅政，以敬儿人位本轻，不欲便处以襄阳重镇。侯景请婚王谢，梁武曰：王谢门高，可于朱张以下求之。一时风尚如此。即有出自寒微，奋立功业，官高位重，而其自视，犹不敢与世族较。陈显达既贵，自以人微位重，每迁官，常有愧惧之色。诫诸子曰：我本志不及此。汝等勿以富贵骄人。又谓诸子曰：麈尾是王谢家物，汝不须捉此。王敬则与王俭同拜开府。褚渊戏俭。以为连壁。俭曰：老子遂与韩非同传。或以告敬则。敬则欣然曰：

我本南沙小吏，今得与王卫军同拜三公，复何恨？[①] 王琳为梁元帝所忌，出为广州刺史。琳私谓李膺曰：官正疑琳耳。琳分望有限，岂与官争为帝乎？何不使琳镇雍州？琳自放兵作田，为国捍御外侮也。[②] 且不特此也。齐高在宋，以平桂阳之功，加中领军，犹固让。与袁粲褚渊书，自称下官常人，志不及远。[③] 及即位后，临崩遗诏亦曰：吾本布衣素族，念不到此。[④] 可见当时门第之见，习为固然，虽帝王不能改易也。然江左诸帝，乃皆出自素族。宋武本丹徒京口里人，少时伐荻新洲。又尝负刁逵社钱，被执。其寒贱可知也。齐高自称素族，则非高门可知也。梁武与齐高同族，亦非高门

---

① 《敬则传》。

② 《琳传》。

③ 《褚渊传》。

④ 《本纪》。

也。陈武初馆于义兴许氏，始仕为里司，再仕为油库吏，其寒微亦可知也。其他立功立事，为国宣力者，亦皆出于寒人。如顾荣，卞壸，毛宝，朱伺，朱序，刘牢之，刘毅等之于晋；檀道济，朱龄石，沈田子，毛修之，朱修之，刘康祖，刘彦之，沈庆之等之于宋；王敬则，张敬儿，陈显达，崔慧景等之于齐；陈伯之，陈庆之，兰钦，曹景宗，张惠绍，昌义之，王琳，杜龛等之于周；文育，侯安都，黄法𣰰，吴明彻等之于陈；皆御武戡乱，为国家所倚赖。而所谓高门大族者，不过雍容令仆，裙屐相高，求如王导，谢安，柱石国家者，不一二数也。次则如王宏，王昙首，褚渊，王俭等，与时推迁，为兴朝佐命，以自保其家世。虽朝市革易，而我之门第如故。以是为世家大族，迥异于庶姓而已。此江左风会习尚之极敝也。

《南朝多以寒人掌机要》条云："魏正始，晋永熙以来，皆大臣当国，晋元帝忌王氏之盛，欲政自己出。用刁协，刘隗等为私人，即召王敦之祸。自后非幼君，即孱主，悉听命于柄臣。八九十年，已成故事。至宋，齐，梁，陈诸君，则无论贤否，皆威福自己，不肯假权于大臣，而其时高门大族，门户已成。仆三司，可安流平进。不屑竭智尽心，以邀恩宠。且风流相尚，罕以物务关怀。人主遂不能藉以集事，于是不得不用寒人。人寒则希荣切而宣力勤，便于驱策。不觉倚之为心膂。《南史》谓宋孝武不任大臣，而腹心耳目，不能无所寄，于是戴法兴，巢尚之等，皆委任隆密。齐武帝亦曰：学士辈但读书耳，不堪经国，经国一刘系宗足矣。此当时朝局相沿，位尊望重者，其任转轻，而机要多任用此辈也。然地当清切，手持天宪，口衔诏命，则人虽寒而权自重。权重则势利尽归之。如法兴威行内外，江夏王义恭，虽录尚书事，而积相畏服，犹不能与之抗。阮佃夫，王道隆等，权侔人主。其捉车人官虎贲中郎将，傍马者官员外郎。茹法亮当权，大尉王俭尝曰：我虽有人位，权寄岂及茹公。朱异权震内外，归饮私第，虑日晚台门闭，令卤簿自家列至城门，门者遂不敢闭。此可见威势之熏灼也。法亮在中书，尝语人曰：何须觅外禄？此户内岁可办百万，佃夫宅舍园池，胜于诸王邸第。女妓数十，艺貌冠绝当时。出行，遇胜流，便邀与同归。一时珍羞，莫不毕具。凡诸火剂，并皆始孰。至数十种。虽晋之王石不能过。可见贿赂之盈溢也。盖出身寒贱，则小器易盈，不知大体。虽一时得其力用，而招权纳贿，不复顾惜名检。其中亦有如法兴遇废帝无道，颇能禁制。然持正者少，乘势作奸者多。唐寓之反，说者谓始于虞玩之，而成于吕文度，此已见蠹国害民之大概。甚至佃夫弑主而推戴明帝。周石珍当侯景围台城。辄与景相结，遂为景佐命。至陈末，施文庆，沈客卿用事，自取身荣，不存国计。随军临江，犹曰：此常事，边臣足以当之。不复警备，以致亡国。小人而乘君子之器，其害可胜道哉？大臣不能体国，致人主委任下僚；人主不信大臣，而转以群小为心膂，此皆江左之流弊也。"

地位之高，由于权力。权力之大，在能把持。其人虽处高位，见尊重，而实不能任事，则地位权力之失，特时有蚤莫耳。故斯时为门阀极盛之世，亦即门阀将衰之日也。语其亡灭，事有数端：一由选法之变。随[①]废九品中正，

① "随"，应为"隋"，本段后同。——编者注

则尊世胄，卑寒士之制，根本已不复存。然使是时，仍沿汉之州郡察举，则高门大族，犹必多占便宜。而随又废之而行科举。科举之制，士得投牒自列，而试之以一日之短长。虽其时尚无糊名易书之制，试官亦只得采取誉望，而不敢径贵华族。则寒门清望，进取之路惟钧矣。柳芳谓“隋世士无乡里，里无衣冠”，由其“罢乡举，杂地著”者此也。一由世族利寒门之富，与结婚姻。《廿二史札记》曰：“魏齐之时，婚嫁多以财币相尚。盖其始高门与卑族为婚，利其所有，财贿纷遗。其后遂成风俗。凡婚，无不以财币为事。争多竞少，恬不为怪也。魏文成帝尝诏曰：贵族之门，多不奉法。或贪利财贿，无所选择，令贵贱不分。亏损人伦，何以示后？此可见财婚由来久矣。《封述传》：述为子娶李士元女，大输财聘。及将成礼，犹竞悬违。述忽取所供像，对士元打碎为誓。士元笑曰：封翁何处常得此应急像？须誓便用。述又为次子娶卢庄女。述诉府云：送骒乃嫌脚跛。评田则云咸薄，铜器又嫌古废。皆为财聘，以致纷纭。可以见是时习尚也。”[①]案齐永明中，王源与满氏联姻，致为沈约所弹，亦以受聘钱五万，则南朝亦有此风矣。[②]世族之家，必能

① 卷十五《财婚》。

② 弹文见《文选》卷四十，颇可见当时士庶不通婚，及士族利庶姓之富，与结姻好之俗。今录其辞如下。原文曰：“臣闻齐大非偶，著乎前诰。辞霍不婚，垂称往烈。若乃交二族之和，办伉合之义。升降窳隆，诚非一揆。固宜本其门素，不相夺伦。使秦晋有匹，泾渭无舛。自宋氏失御，礼教雕衰。衣冠之族，日失其序。姻娅沦杂，罔计厮庶。贩鬻祖曾，以为贾道。明目腆颜，曾无愧畏。若夫盛德之胤，世业可怀。栾却之家，前徽未远。既壮而室，窃赀莫非皂隶。结褵以行，箕帚咸失其所。志士闻而伤心，旧老为之叹息。自宸历御寓，弘革典宪。虽除旧布新，而斯风未殄。升下所以负扆兴言，思清弊俗者也。臣实儒品，谬掌天宪。虽埋轮之志，无屈权右。而狐鼠微物，亦蠹大猷。风闻东海王源，嫁女与富阳满氏。源虽人品庸陋，胄实参华。曾祖雅，位登八命。祖少卿，内侍帷幄。父璿，升

（转下页）

自相嫁娶，乃得表异于齐民。今以贪财，竞昏卑族。则阅时既久，士庶不分，族望将不司保矣。一则世族贪利，与寒门通谱。《日知录》曰："同姓通族，见于史者，自晋以前未有。《晋书·石苞传》：曾孙朴没于寇。石勒以与朴同

（接上页）

采储闱，亦居清显。源频叨诸府戎禁，豫班通彻。而托姻结好，惟利是求。玷辱流辈，莫斯为盛。源人身在远，辄摄媒人刘嗣之，到台辩问。嗣之列称：吴郡满璋之，相承云是高平旧族，宠奋胤胄。家计温足，托为息鸾觅婚。王源见告穷尽。即索璋之簿阀。见璋之任王国侍郎，鸾又为王慈吴郡正阁主簿。源父子因共详议，判与为婚。璋之下钱五万，以为聘礼。源先丧妇，又以所聘余直纳妾。如其所列，则与风闻符同，窃璋之姓族，士庶莫辨。满，奋身陨西朝，胤嗣殄灭。武秋之后，无闻东晋。其为虚托，不言自显。王，满连姻，实骇物听。潘，杨之睦，有异于此。且买妾纳媵，因聘为资。施衿之费，化充床第。鄙情赘行，造次以之。纠慝绳违，允兹简裁。源即主。臣谨案南郡丞王源：忝藉世资，得参缨冕。同人者貌。异人者心。以彼行媒，同之抱布。且非我族类，往哲格言。薰莸不杂，闻之前典。岂有六卿之胄，纳女于管库之人？宋子河鲂，同穴于与台之鬼？高门降衡，虽自己作，蔑祖辱亲，于事为甚。此风勿翦，其源遂开。点世尘家，将被比屋。宜置以明科，黜之流伍。使已污之族，永愧于昔辰，方媾之党，革心于来日。臣等参议，请以见事，免源所居官，禁锢终身。辄下禁止视如故"，云云。

姓，俱出河北，引朴为宗室，特加优宠。位至司徒。《南史·侯瑱传》：侯景以填与己同姓，托为宗族，待之甚厚。此以殊族而附中国也。《晋书·孙旗传》：旗子弼及弟子髦，辅，琰四人，并有吏材，称于当世。遂与孙秀合族。《南史·周弘正传》：诏附王伟，与周石珍[1]合族。《旧唐书·李义甫传》：义甫贵之后，自言本出赵郡。始与诸李叙昭穆。而无赖之徒苟合，藉其权势，拜伏为兄叔者甚众。《李辅国传》：宰相李揆，山东甲族，见辅国：执子弟之礼，谓之五父。此以名门而附小人也。”又曰：“史言唐梁之际，仕宦遭乱奔亡。而吏部铨文书不完，因缘以为奸利。至有私鬻告敕，乱易昭穆，而季父母舅，反拜侄甥者。”[2]《册府元龟》：

① 原注：建康之厮隶也。为梁制局监，降侯景。

② 原注：《豆庐革传》。

“长兴初，鸿胪卿柳膺，将斋郎文书两件，卖与同姓人柳居则。大理寺断罪当大辟。以遇恩赦，灭死，夺见任官，罚锢，终身不齿。制曰：一人告身，三代名讳。传于同姓，利以私财。上则欺罔人君，下则货鬻先祖，罪莫大焉。自今以后，如有此弊，传者受者，并当极法。”[①]《通志·氏族略》谓“隋唐而上，官有簿状，家有谱系。私书滥，纠以官籍；官籍缺，考以私书”，自唐末大乱，官私谱籍，并皆亡佚；诈冒粥卖，无可考校而士庶之别，荡焉无存矣。《通志》谓“五季取士不问家世，昏姻不问阀阅”，亦势所不得不然也。[②]

门阀之制，虽若与于魏晋，实则自古相沿；

① 卷二十三《谱通》。

② 唐以前氏族之书，今存者惟一《元和姓纂》。而《通志·氏族略》，多与之同。盖郑氏所见，亦仅此矣。今私家谱系，多起自宋。唐以前，非阙佚，即妄溯也。

两汉时不过暂尔伏流，前既明之。然则古代之阶级，实至晚唐五代之世，乃划除净尽也。至此，则除官吏地位较尊，富人实有权势外，可谓豪无阶级矣。然本族之阶级虽平，而本族与异族之间，阶级复起。则五代而降，中国兵力之不竞为之也。异族与我族之阶级，五胡乱华时，即已有之。高欢之告鲜卑曰："汉民是汝奴；夫为汝耕，妇为汝织，输汝粟帛，令汝温饱。汝何为陵之？"告华人则曰："鲜卑是汝作客；得汝一斛粟，一匹绢，为汝击贼，令汝安宁。汝何为疾之？"以汉人任耕，鲜卑任战，俨然有一为武士，一为农奴之观焉。[①]鲜卑在五胡中，

---

① 魏太武围盱眙，遗臧质书曰："吾今所遣斗兵，尽非我国人。城东北是丁令与胡。南是氐，羌。设使丁令死，正可灭常山，赵郡贼。胡死，灭并州贼。氐，羌死，灭关中贼。卿杀之，无所不利。"此以异族任战者。当时此等事亦多。然所用多非汉人。一以诸胡较汉人强悍，一以汉人能勤生事，为赋税所自出，诸胡皆不能也。

最能憮效汉人，而犹如此。氐，羌，胡，羯，不言可知。惜史不尽载耳。辽，金，元，清之事，则可考者较多。

辽之建国，合两种人而成，一北方游牧之族，一汉地州县之民也。北方游牧之族，又分两种：一为部族，一为属国。部族者，辽之国民，属国则通朝贡，有事量借兵粮而已，高居于部族之上者，为三耶律二审密氏。三耶律者，大贺，遥辇，世里，迭居汗位。二审密者，乙室已拔里，世昏皇室，所谓国舅也。《辽史·刑法志》谓："辽太祖时，治契丹及诸夷，皆用旧法，汉人则断以律令。太宗时，治渤海人亦依汉法。道宗时，始以国法不可异施，命更定律令。其不合者别存之。"则道宗以前，契丹，汉人，实未尝受治于同一法律之下。又辽人设官，财赋之司，偏在南京，亦朘汉人以自肥也。金自世宗后，迁猛安谋克户入中原。所占之地甚广，而税极薄。又多括良田与之。其后卒以此遭杀戮之祸。[1] 盖辽人未尝与汉杂居，而金人不然。故其虐汉人为甚，而其受报复亦酷也。元代分人为蒙古，色目，汉人，南人四等。[2] 一切权利，

---

① 《廿二史札记·金末种人被害之惨》云："一代敝政。有不尽载于正史，而散见于他书者。金制，以种人，设猛安谋克分领之，使散处中原。世宗虑种人为民害，乃令猛安谋克，自为保聚。其土地与民犬牙相入者互易之。使种人与汉民，各有界址。意至深远也。其后蒙古兵起，种人往战辄败。承安中，主兵者谓种人所给田少，不足养身家，故无斗志。请括民田之冒税者给之。于是武夫悍卒，倚国威以为重。有耕之数世者，亦以冒占夺之。及宣宗贞佑间，南渡，盗贼群起。向之恃势夺田者，人视之为血仇骨怨。一顾盼之顷，皆死于锋镝之下。虽赤子亦不免。事见元遗山所作《张万公碑文》。又《完颜怀德碑》亦云：民间仇拨地之怨，睚眦种人，期必杀而后已。寻踪捕影，不三二日，屠戮净尽。甚至掘坟墓，弃骸骨。惟怀德令临淄，有惠政。民不忍杀，得全其生。可见种人之安插河北诸郡者，尽歼于贞祐时。盖由种人与平民杂处，初则种人倚势虐平民，后则平民报怨杀种人。此亦一代得失之林也。然《金史》绝不载此事，仅于《张万公传》中略见之，则知《金史》之缺漏多矣。"

② 蒙古，色目种姓，详见《辍耕录》。汉人，谓灭金所得。南人，则灭宋所得也。

皆不平等。[①]而汉人，南人，入奴籍者尤多。[②]

---

① 如官制，学校，选举等。

② 《廿二史札记》“元初诸将多掠人为私户”条云：“元初起兵朔漠，专以畜牧为业。故诸将多掠人户为奴，课以游牧之事。其本俗然也。及取中原，亦以掠人为事。并有欲空中原之地，以为牧场者。耶律楚材当国时，将相大臣，有所驱获，往往寄留诸郡。楚材因括户口，并令为民。匿占者死。立法未尝不严。然诸将恃功牟利，迄不衰止。而尤莫甚于阿里海涯。《张雄飞传》：阿里海涯行省荆湖，以降民三千八百户没入为家奴。自置吏治之。岁收其租赋。有司莫敢问。雄飞为宣抚使，奏之。乃诏还籍为民。《世祖本纪》：至元十七年，诏核阿里海涯等所俘。三万二千余人，并赦为民。十九年，御史台又言：阿里海涯占降民为奴，而以为征讨所得。有旨：降民还之有司。征讨所得，籍其数赐臣下。宋子贞又以阿里海涯所庇逃民千人，清出屯田。可见其所占之户，以千万计。盖自破襄樊后，伯颜领大兵趋杭州，留阿里海涯平湖广之未附者。兵权在握，乘势营私。故恣行俘掠；且庇逃民，占降民，无不据为己有。遂至如此之多也。他如《宋子贞传》：东平将校，占民为部曲户，谓之脚寨。檀其赋役。几四百所。子贞言于严实，乃罢归州县。《张德辉传》：兵后孱民依庇豪右，岁久掩为家奴。德辉为河南宣抚使，悉遣为民。《雷膺传》：江南新附，诸将往往强籍新民为奴隶。膺为湖北提刑按察使，出令，还为民者数千。《王利用传》：都元帅塔儿海，抑巫山民数百口为奴。利用为提刑按察，出之。《袁裕传》：南京总管刘克兴，掠良民为奴。裕出之为民。此皆散见于各传者也。兵火之余，遍地涂炭，民之

（转下页）

《元史·刑法志》："诸蒙古人，因争及醉，殴死汉人者，断罚出征，并全征烧埋银。"则当时蒙古人杀汉人，并不论死也。亦可谓不平矣。清入中国，亦圈近畿之地，以给旗民，宗室有庄园。勋戚，世爵，职官，军士有庄田，皆尽免征输。其刑法，则宗室，觉罗及旗人，皆有换刑。宗室者，显祖之后。又有有爵闲散之分。俗所谓黄带子。宗室而降为觉罗，则俗所称红带子也。凡宗室，觉罗，皆有养赡银米，

（接上页）
生于是时者，何以为生邪？"案欲尽杀汉人，以其地为牧地，系太宗近臣别迭之事，后又欲分裂州县，以赐亲王功臣，以耶律楚材力谏而止，见《楚材传》。《太宗本纪》：十二年，籍诸大臣所俘男女为民。则分封之事，虽未果行，而诸王大臣所俘人户，实不少矣。《世祖本纪》：至元二十年，"禁权势没人口为奴，及黥其面者"。《廉希宪传》："至元十二年，行省荆南。令凡俘获之人，敢杀者，以故杀平民论。有立契券质妻子者，重其罪。仍没入其直。"则当时之于奴隶，刑杀亦皆任意也。

婚丧有恩赏。汉人杀伤之者，罪加一等。官缺：内官皆满，汉平分。又有若干蒙古，汉军，包衣缺。包衣者，满洲人之奴隶也。清代满，汉，不杂居，不通婚，故其争阋不如金代之烈。然其意乃欲隔绝满，汉，使满人保其强武之风，非为保安汉人起见也。

《廿二史札记》云："前明一代风气，不特地方有司，私派横征，民不堪命。而缙绅居乡者，亦多倚势恃强，视细民为弱肉。上下相护，民无所控诉也。今按《杨士奇传》：士奇子稷，居乡，尝侵暴杀人。言官交劾，朝廷不加法。以其章示士奇。又有人发稷横虐数十事。乃下之理。士奇以老病在告。天子不忍伤其意，降诏慰免。士奇感泣，遂不起。是时士奇方为首相，而其子至为言官所劾，平民所控，则其肆虐已极可知也。又《梁储传》：储子次摅，为锦衣百户。居家。与富人杨端争民田。端杀田主，次摅遂灭端家，二百余人。武宗以储故，仅发边卫立功。《朝野异闻录》又载次摅最好束人臂股或阴茎，急迫，而以针刺之。血缕高数尺，则大叫称快。此尤可见其恣虐之大概矣。《焦芳传》：芳治第宏丽，治作劳数郡，是数郡之民，皆为所役。又《姬文允传》：文允宰滕县。白莲贼反，民皆从乱。文允问故。咸曰：祸由董二，董二者，故延绥巡抚董国光子，居乡暴横，民不聊生。故被虐者至甘心从贼，则其肆毒更可知也。又《琅琊漫抄》载松江钱尚书治第，多役乡人。砖甓亦取给于役者。有老佣后至。钱责之，对曰：某担自黄瀚坟，路远，故迟耳。钱益怒，答曰：黄家坟亦吾所筑，其砖亦取自旧家，勿怪也。此又乡官役民故事也。其后昆山顾秉谦附魏忠贤，得入阁。忠贤败，秉谦家居，昆民焚掠其家。秉谦窜渔舟以免[1]。时秉谦已失势，其受侮或不足为异。至如宜兴周延儒，方为相；陈于泰，方为翰林。二家子弟暴邑中。兴民至发延儒祖墓，又焚于泰，于鼎庐。[2]王应熊方为相。其弟应熙横于乡。乡人诣阙击登闻鼓，列状至四百八十余条，赃一百七十余万。其肆毒积怨于民可知矣。温体仁当国，唐世济为都御史，皆乌程人。其乡人盗太湖者，以两家为奥主。兵备冯元扬捕得其魁，世济族子也。[3]是乡官之族，且庇盗矣，又有投献田产之例。有田产者，为奸民籍而献诸势要，则悉为势家所有。天顺中，曾翠为山东布政使。民垦田无赋者，奸民指为闲田，献诸戚畹。翚断还民。[4]

---

① 《秉谦传》。

② 《祁彪佳传》。

③ 《元扬传》。

④ 见《李棠传》。

河南濒黄河淤地，民就垦，奸民指为周王府屯场，献王邀赏。王辄据而有之。原杰请罪献者，并罪受者。[1]又《戒庵漫笔》：万历中，嘉定，青浦间，有周星卿，素豪侠。一寡妇薄有赀产。子方幼。有侄，阴献其产于势家，势家方坐楼船，鼓吹至阅庄。星卿不平，纠强有力者，突至索斗。乃惧而去。诉于官。会新令韩某，颇以扶柳为己任，遂直其事。此亦可见当时献产恶习。此一家因周星卿及韩令得直，其他小民被豪占而不得直者，正不知凡几矣。”案如此暴横，唐宋之世，皆所罕闻，盖由元代异族肆虐，民无所控诉，积渐之势，有以致之也。清代于绅士，管束最严。故此风渐戢。[2]然清之严束绅士，

① 《原杰又传》。

② 顺治三年四月，尽革前代乡官，监生等名色。一应地丁，钱粮，杂泛差役，与民一体承当。见《东华录》。自此绅士不能包庇赋税，投献之风绝矣。

亦虑其有故国之思，能用其民，则将不利于己耳。非真为汉人平不平也。

奴婢之制，自秦汉迄清皆有之，大抵以罪没入者为官奴婢。以贫穷而卖买者为私奴婢，奴婢以汉代为最盛。[①]汉高祖尝令民得卖子。贾谊谓其时之民，岁恶不入，则“请爵卖子”。可见其习为常事。又谓“今人卖僮者，为之绣衣丝履，遍诸缘，纳诸闲中”。则几视人如货物矣。其时官奴婢甚众。晁错劝文帝募民以丁，奴婢赎罪；及输奴婢以拜爵。武帝募民入奴，得以终身复，为郎增秩。又遣御史廷尉正监分曹即治郡国缗钱，得民奴婢以千万数。分诸苑养狗马禽兽，及与诸官。徙奴婢众，下河漕，度四百万石，及官自籴乃足。[②]元帝时，贡禹言：

① 以其时去阶级之世未远，又当生计剧变之时也。

② 《杜延年传》，坐官奴婢乏衣食免官。

官奴婢十余万，游戏无事，税良民以给之。马贵与曰："豪家奴婢，细民为饥寒所驱而卖者也。官奴婢，有罪而没者也。民以饥寒，至于弃良为贱，上之人不能有以振救之，乃复效兼并者所为，令入奴婢以拜爵复役，是令饥寒之民，无辜而与罪隶等也。况在官者十余万人，复税良民以给之，则亦何益于事哉？"以政治论，以理财论，诚可谓两失之矣。私家奴婢，亦多而僭侈，[1]并得专其杀生。[2]王莽大更汉法，亦仅改其名为私属，令不得卖买而已，[3]不能使

---

① 成帝永始四年。诏曰："公乡列侯，亲属近臣。多畜奴婢，被服绮谷。其申饬有司，以渐禁之。"哀帝即位，议限田。有司条奏所限奴婢之数：诸侯王二百人，列侯公主百人，关内侯吏民三十人。限制之数如此，不限之时可知。后此例亦以亲贵不便，卒未行也。

② 《食货志》：董仲舒说武帝："请去奴婢，除专杀之威。"

③ 莽更名天下田曰王田，奴婢曰私属，皆不得卖买。此仍视人与物等，不欲兼并者多畜奴婢而已。非知奴婢之有人权也。

之为良也。后汉光武一朝，免奴最多。[①]又令杀奴婢不得减罪。炙灼奴婢论如律，[②]除奴婢射伤人弃市律，[③]殆可称中国之林肯。自汉以后，

① 建武二年，五月，癸未，诏曰："民有嫁妻卖子，欲归父母者，恣听之。敢拘执，论如律。"六年，十一月，丁卯，"诏王莽时没入为奴婢，不应旧法者，皆免为庶人"。七年，五月，甲寅，"诏吏人遭饥乱，及为青徐贼所略，为奴婢下妻，欲去留者，恣听之。敢拘制不还，以卖人法从事"。十二年，三月，癸酉，诏陇蜀民被略为奴婢自讼者，及狱官未报，一切免为庶民。十三年，十二月，甲寅，"诏益州民自八年以来，被略为奴婢者，皆一切免为庶民。或依托人为下妻，欲去者，恣听之。敢拘留者，此青徐二州，以略人法从事"。十四年，十二月，癸卯，"诏益凉二州奴婢，自八年以来，自讼在所官，一切免为庶民。卖者无还值"。

② 所炙灼者为庶民。

③ 十一年。案宋真宗咸平六年。"诏士庶家雇仆，有犯，不得黥其面"。天禧时，大理寺言：按律：诸奴婢有罪，其主不请官司而杀者，杖一百。无罪而杀者，徒二年。又诸条主殴部曲至死者，徒一年。故杀者加一等。其有愆犯，决罚至死，及过失杀者，勿论。自今人家佣赁，当明设要契。及五年，主因过欧（殴）决至死者。欲望加部曲一等。但不以愆犯而杀者，减常人一等。如过失杀者勿论。从之。则私杀奴婢，后世仍有之。且其论罪，不与凡同。不如汉世之文明多矣，由汉世法律，多用经义也。

大抵遇丧乱饥馑，人民无以为生，则奴婢之数增多。及承平，则或以命令迫令放免；或官出资为赎；[①]或令以卖直为佣资，计数相当则免之。[②]宫奴婢则以赦免，[③]或立年限，及年则免。[④]虽多宽典及优恤之政，要不能摧陷廓清，令其绝迹也。

《古文苑》有王褒《僮约》，颇可见汉世使役奴婢之状。今录其辞如下。《僮约》曰："蜀

---

① 唐昭宗大顺二年，"敕天下州府及在京诸军，或因收掳百姓男女，宜给内库银绢，委两军收赎，归还父母。其诸州府，委本道观察使取上供钱充赎。不得压良为贱。"

② 韩愈《柳子厚墓志铭》："元和中，尝例召至京师。又偕出为刺史。而子厚得柳州。""其俗以男女质钱，约不时赎，子本相侔，则没为奴婢。子厚与设方计，悉代赎归。其尤贫力不能者。令书为佣。相当，则使归其质。观察使下其法于他州。比一岁，免而归者且千人。"

③ 唐制：凡反逆相坐，没其家为官奴婢。一免为蕃户，再免为杂户，为良人。皆因赦宥所及则免之。

④ 汉哀帝议限田及蓄奴婢，有司官奴婢年五十以上，免为庶人。

郡王子渊，以事到湔止寡妇杨惠舍。惠有夫时奴，名便了。子渊倩奴行酤酒。便了拽大杖上夫家巅曰：大夫买便了时，但要守家，不要为他人男子酤酒。子渊大怒曰：奴宁欲卖邪？惠曰：奴大忤人，人无欲者。子渊即决买券云云。奴复曰：欲使皆上券。不上券，便了不能为也。子渊曰：诺。券文曰：神爵三年正月十五日，资中男子王子渊，从成都安志里女子杨惠，买亡夫时户下髯奴便了。决贾万五千。奴当从百役使，不得有二言。晨起早扫，食了洗涤。居当穿臼缚帚，裁盂凿斗。浚渠缚落，锄园斫陌。杜埤地，刻大枷。屈竹作杷，削治鹿卢。出入不得骑马载车，踑坐大呶。下床振头：捶钩刈刍。结苇腊。汲水酪，佐醒䤈。织履作粗。黏雀张乌。结网捕鱼。持梢牧猪。种姜养芋。长育豚驹。粪除堂庑。喂食马牛。鼓四起坐。夜半益刍。

二月春分。被堤杜疆。落桑皮棕。种瓜作瓠。别茄披葱。焚槎发芋。垄集破封。日中早熭。鸡鸣起舂。调治马户，兼落三重。舍中有客：提壶行酤。汲水作脯。涤杯整桉。园中拔蒜。断苏切脯。筑肉臛芋。脍鱼炰鳖。烹茶尽具。已而盖藏，关门，塞窦。喂猪纵犬，勿与邻里争斗。奴当饭豆饮水，不得嗜酒；欲饮美酒，惟得染唇渍口，不得倾盂覆斗。不得辰出夜入，交关伴偶。舍后有树，当裁作船。上至江州下到湔，主为府椽求用钱。推访垩，贩棕索。县亭买席，往来都落，当为妇女求脂泽。贩于小市。归都担枲。转出旁蹉，牵犬贩鹅。武都买茶，杨氏担荷。往来市聚，慎护奸偷。入市不得夷蹲旁卧，恶言丑马。多作刀矛，持入益州，货易羊牛。奴自教精慧，不得痴愚。特斧入山，断辕裁辕，若有余残，当作俎豆几，木屐及彘盘。焚薪作炭，礨石薄岸。治舍益屋。削书伐牍，日暮欲归，当送干薪两三束。四月当披，九月当获，十月收豆，抡麦窖芋，南安拾栗采橘，持车载辏，多取薄苎，益作绳索。雨堕无所为，当编蒋织薄。种桃，李，梨，柿，柘，桑，三丈一树，八树为行。果类相从，纵横相当。果熟收敛，不得吮尝。犬吠当起，警告邻里。枨门柱户，上楼击鼓。荷盾曳矛，还落三周。勤心疾作，不得敖游。奴老力索，种莞织席。事讫休息，当舂一石。夜半无事，浣衣当白，若有私钱，主给宾客。奴不得有奸私，事事当关白。奴不听教，当笞一百。读券文适讫。词穷诈索。仡仡叩头，两手自搏。目泪下落，鼻涕长一尺。审如王大夫所言，不如早归黄士陌，蚯蚓钻额。早知当尔。为王大夫酤酒，真不敢作恶。”此文为游戏之作。当时使用奴婢，未必酷虐至是。

然奴婢所作之事，则可想见矣。

晋武平吴之后，王公以下，皆得荫人为衣食客及佃客。[①]东晋犹然。此盖汉世封君食邑户之遗制，与奴婢有别。又有所谓部曲者，尽战乱之世，吏士夷为将帅之私属。[②]其后将帅亦招人民为之。[③]此等本皆良民，然自为部曲，

---

① 其数因官品而有差。客皆注家籍。其课：丁男调布绢各二丈，丝三两，绵八两；禄绢八尺，禄棉三两二分；租米五石。丁女并半之。男女十六亦半课。年十八正课。六十六免课。其男丁岁役不过二十日。其田，亩税米二升。

② 《续书百官志》："大将军营五部。部校尉一人。比二千石。军司马一人，比千石。部下有曲。曲有军侯一人，比六百石。曲下有屯。屯长一人，比二百石。其不置校尉部，但军司马一人。"此部曲本义。《三国魏志·李典传》："典宗族部曲，三千余家，居乘氏。自请愿徙诣魏郡。太祖笑曰：卿欲慕耿纯耶？典谢曰：典驽怯功微，而爵宠过厚。诚宜举宗陈力。加以征伐未息，宜实郊遂之内，以制四方。非慕纯也。遂徙部曲宗族万三千余口居邺。"《吴志·孙策传》："兴平元年，从袁术。术甚奇之。以坚部曲还策。"此并部曲专属将帅之证。

③ 《魏志·卫觊传》：镇关中，时四方大有还民。关中诸将，多引为部曲。觊书与荀彧曰："关中膏腴之地。顷遭荒

（转下页）

遂不得与平民并。自魏晋至宋皆有之。[①]

以异族为奴婢，中国亦有其事。《史记·西南夷列传》谓“巴蜀民或窃出商贾，取其筰马，僰僮，髦牛，以此巴蜀殷富”。《货殖列传》亦谓“巴蜀南御滇僰，僰僮”。则秦汉之世已有之。《北史·獠传》谓其“亲戚相卖如猪狗。被卖者号哭不服，逃窜避之。乃将买人捕逐，若亡叛。获便缚之。但被缚，即服为贱隶，不敢称良矣。梁武帝时，梁益二州，岁岁伐獠以自利，后周武帝平梁，益，岁命随近州镇，出

（接上页）

乱，人民流入荆州者，十余万家。闻本土安宁，皆企望思归。而归者无以自业。诸将各竞招怀，以为部曲。郡县贫弱，不能与争。兵家遂强。一旦变动，必有后忧。”云云。此等非招民为兵，乃招以为其私属耳。

① 见前引宋天禧时大理寺之言。又案部曲校平民为贱，而较奴婢为贵。故唐高宗显庆二年，有“放诸奴婢为良及部曲客女者听之”之敕。客女，部曲之妇女也。

兵讨之。获其生口，以充贱隶，谓之压獠。商旅往来，亦资为货。公卿民庶之家，多有獠口”。则几于白人之贩鬻黑奴矣。唐武后大足元年，“敕以北缘边州郡，不得畜突厥奴婢。穆宗长庆元年，诏禁登，莱州及缘海诸道，纵容海贼，掠卖新罗人口为奴婢”。则海陆缘边，皆有贩鬻外国人之事。而本国人亦有鬻卖入外国者。如宋太宗淳化二年，“诏陕西沿边诸郡：先岁饥，贫民以男女卖与戎人。宜遣使者与本道转运使，分以官财物赎，还其父母”。真宗天禧三年，“诏自今掠卖人口入契丹界者，首领并处死。诱至者同罪。未过界者，决杖黥配”是也。

收买奴婢之人，又有转雇与人，以取其利者。宋太祖开宝四年，“诏应广南诸群，民家有收买男女为奴婢，转将佣雇，以输其利者，今后并令放免。敢不如诏旨者,决杖配流”是也。人类之牟利，可谓无所不至矣。

唐武宗会昌五年，“中书门下奏：天下诸寺奴婢，江淮人数至多。其间有寺已破废，全无僧众，奴婢既无衣食，皆自营生，洪潭管内，人数倍多。一千人以下，五百人以上处，计必不少。并放从良百姓”。旨依。按是年废天下佛寺，故奴婢并获放免也。平时则不可考矣。以历代佛寺之盛通计之，其数必不少也。辽以良民赐诸寺。分其税一半输官，一半输寺，谓之二税户。金世宗大定二年，尝免之。章宗即位,又括中都及北路二税户。凡无凭验，其主自言之者，及因通检而知之者，其税半输官，半输主。有凭验者，悉放为良。此则僧人衣食租税，同于封君矣。

《日知录》曰：“《颜氏家训》：邺下有

一领军，贪积已甚。家僮八百，誓满一千。唐李义府多取人奴婢，及败，各散归其家，时人为露布云：混奴婢而乱放，各识家而竞人。[①]太祖数凉国公蓝玉之罪，曰：家奴至于数百。今日江南士大夫，多有此风。一登仕籍，此辈竞来门下，谓之投靠。多者亦至千人。而其用事之人，则主人之起居食息，以至于出处语默，无一不受其节制，有甘于毁名丧节而不顾者。《汉书·霍光传》：任宣言：大将军时，百官已下，但事冯子都，王子方等。[②]又曰：初光爱幸监奴冯子都，当与计事。[③]及显[④]寡居，与

---

① 原注："潘岳《西征赋》：曰混鸡犬而乱放，各识家而竞人。"

② 原注皆老奴。

③ 原注"师古曰：监知，奴之监知家务者也。"

④ 原注光妻。

子都[1]乱。夫以出入殿门，进止不失尺寸之人，而溺情女子小人，遂至于此。今时士大夫之仆，多有以色而升，以妻而宠。夫上有渔色之主，则下必有烝弑之臣。清斯濯缨，浊斯濯足，自取之也。”严分宜之仆永年，号曰鹤坡，张江陵之仆游守礼，号曰楚滨。不但招权纳贿，而朝中多赠之诗文，俨然与搢绅为宾主。名号之轻，文章之辱，至斯而甚。异日媚阉建祠，非此为之嚆矢乎？

又曰：“人奴之多，吴中为甚。[2]其专恣暴横，亦惟吴中为甚。有王者起，当悉免为良，而徙之以实远方空虚之地。士大夫之家，所用

① 原注《古诗》：昔有霍家奴，姓冯名子都。而晋灼引汉语以为凭殷，则子都亦字也。

② 原注史言吕不韦家僮万人，嫪毐家僮数千人。今吴中仕宦之家，有至一二千人者。

仆役，并令出赀雇募，如江北之例。[1]则豪横一清，而四乡之民，得以安枕；其为士大夫者，亦不受制于人，可以勉而为善。讼简风淳，其必自此始矣。”观此可知明代吴中风俗之坏。夫投靠为仆隶者，其人亦宦寺之流耳。降志辱身，所为何事？安得不作奸犯科，招权纳贿，以累其主乎？

近代削除阶级，当以清雍正时为最多。元年，则有山陕之乐户，绍兴之堕民。五年，则有徽州之伴挡，宁国之世仆。八年，则有常熟，昭文之丐户。乾隆三十六年，又命广东之蛋户，浙江之九姓，渔户及各省似此者，悉令该地方查照雍正元年山陕乐户成案办理。在清代，所

① 原注郑司农《周礼》司厉注曰：今之奴婢，古之罪人也。《风俗通》言：古制本无奴婢。奴婢皆是犯事者。今吴中亦讳其名，谓之家人。

谓身家不清白者，仅娼，优，皂隶及曾鬻身为奴者，三世不得应试入仕而已。[①]然此等贱民，虽见放免，在民间仍未能皆以平等待之也。

① 包衣仍得入仕。惟虽至极品，对其旧主，仍执仆礼。后曾有旨，命三品以上包衣皆出籍。